나의 오늘은

어제 죽은 이가 그토록 그리던

내일이다.

오늘의
죽음
Q&A

일러두기

이 책은 읽는 순서가 없다. 독자의 편의를 위해 장을 나누어놓았지만 어디든 자유롭게 펼쳐 보면 된다. 처음부터 끝까지 단숨에 읽어도 좋고 매일매일 한 쪽씩 읽어도 좋다. 다만, 모든 질문의 답은 당신에게 있다는 사실을 잊지 말길 바란다.

내일 죽어도
후회 없는 삶으로 이끄는
200가지 질문

오늘의
죽음
Q&A

홍지혜 지음

현대
지성

책을 펼친 뒤 몇 장을 넘기지도 못했다. 메모지를 옆에 두고 질문 하나하나에 시간과 정성을 쏟고 싶어졌기 때문이다. 수많은 질문들이 허투루 쓰이지 않았다. 지나간 시간과 맞이할 시간에 대해 심도 깊게 생각해보게 만든다. 세상과 내 마음을 깊이 들여다보게 한다. 공감하며 술술 읽는 에세이가 아니라서 어려울 것 같은가? 지루할 것 같은가? 맞다, 어렵다. 그러나 지루할 틈은 없다. 내 안의 솔직한 자신을 꺼내 마주하게 만들기 때문이다.

나는 고독사나 자살 현장을 청소하고 고인의 유품을 정리하는 유품정리사다. 매일 죽음이 지나간 현장 속에서 많은 사람들이 자기 인생을 어떻게 허비하고 끝내 죽음을 맞이하는지 목도한다. 이 책의 질문에 답하다 보면 지금 당신이 얼마나 많은 시간을 안타깝게 놓치고 낭비하고 있는지 깨닫게 될 것이다. 또한 건강하게 살아가는 것이야말로 아름답게 죽을 수 있는 일임을 느끼게 될 것이다.

이 책에는 찰나의 시간과 생각이 고스란히 담겨 있다. 그런데 읽다 보면 이 세상 모든 사람들의 시간이 머릿속에 떠오른다. 우리 모두에게 공평하게 주어진 바로 그 시간 말이다. 타인과 나를 비교하며 주어진 것에 낙담하고 불평하고 있는가? 우리에게 시간이 공평하게 주어졌다는 사실을 인정하게 하고 그 시간을 소중히 가꾸게 해주는 지표 같은 이 책으로, 생각보다 일상의 사소한 행위들이 삶을 채운다는 사실을 알아채길 바란다. 어려운 답을 찾아가듯 버거운 인생을 살아가는 모든 사람들에게 이 책을 추천한다.

○ **김새별**_유품정리사, 『떠난 후에 남겨진 것들』 저자

아빠 장례식 날, 나는 외삼촌 집에 있었다. 집에 와 보니 아빠는 없었고, 아빠는 멀리 여행을 떠났다고 엄마가 말했다. 그때 나는 일곱 살이었다. 아빠가 죽었다는 것을 알고 있었지만 놀랍게도 난 열일곱 살이 될 때까지, 어느 날 아빠가 현관문을 열고 들어올 거라는 환상을 버리지 못했다. 아빠의 임종을 본 적도 장례식에 간 적도 없었으니까.

스무 살 때는 전화 한 통을 받았다. 외삼촌이 죽었다는 전화였다. 엄마와 나에게 연락 한 통 없이 홀로 죽어간 삼촌의 단칸방 문을 열었을 때 가장 눈에 띄었던 것은 머리맡에 있던 성경책이었다. 삼촌은 내가 아는 사람 중 가장 대표적인 무신론자였다. 삼촌이 죽어갈 때 의지했던 것은 평생 봐온 가족이 아닌 자신이 평생 믿지 못했던 종교였다.

외할아버지가 돌아가시던 날은 내가 난생 처음으로 큰돈을 들여 크루즈 여행을 예약하고 비행기를 타러 가는 날이었다. 내내 중환자실에 있던 할아버지가 곧 떠날 것 같아 마음이 쓰였다. 공항에서 출발한다고 엄마에게 전화했을 때 엄마는 괜찮으니 다녀오라고 했다. 그때 이미 할아버지는 돌아가신 후였지만 엄마는 나에게 말하지 않았고, 나도 할아버지에 대해 묻지 않았다. 나는 내가 아기였을 때 나를 보석처럼 아껴주던 사람의 임종보다 당장 코앞에 예약해둔 여행이 더 중요한 사람이 되어 있었다.

나는 죽음 앞에서 비이성적이거나 무정한 사람이었다. 하지만 이런 내 모습을 지금까지 누구에게도 말해본 적이 없다. 아무도 나에게 물어본 적이 없었으니까. 친한 친구나 가족조차 말이다. 죽음은 늘 은밀한 것이었다. 우리는 다른 사람의 죽음에 대해서는 말하지만 그 누구도 나의 죽음에 대해서는 말하지 않는다. 내게 다가올 가장 확실한 미래인데 그 유일한 진실을 외면한 채 대부분의 생을 보낸다.

우리는 죽음을 왜 피하고 싶은 것일까? 아마 살아서는 알 수 없기 때문일 것이다. 죽음을 알 수는 없지만 준비해볼 수는 있지 않을까? 세상에는 이미 죽음에 관한 수많은 책이 존재한다. 하지만 아무도 당신의 죽음을 묻지는 않는다. 내가 이 책을 꼭 쓰고 싶었던 이유다. 죽음에 대한 특별한 경험을 한 사람이 아닌, 가까운 가족의 죽음을 경험하고도 죽음이 두려워서 계속 외면한 채 살아가는 나 같은 보통의 사람들을 위해서 이 책을 썼다.

언제 죽어도 후회 없는 삶을 살고 있다면 이 책은 별 도움이 되지 않을 것이다. 하지만 내일 갑자기 사고로 세상을 떠나게 되었을 때 두고두고 후회할 오늘을 살아가고 있다면, 그런 하루하루가 반복되는 삶을 살고 있다면, 당신에게는 이 책이 분명 도움이 될 것이다. 삶은 긴 여행이다. 우리는 그 길 위에서 매일 '오늘의 죽음'을 맞이하고 한 번도 살아보지 못한 내일을 맞이한다. 당신의 후회 없는 오늘에 이 책이 함께하기를 바란다.

결국 죽음 준비는 잘 살기 위한 준비다. 죽음의 순간을 구체적으로 그려볼수록 내가 원하는 삶이 무엇인지 명료하게 볼 수 있을 것이다. 그래서 내일 죽음이 찾아와도 오늘 그대로를 살 수 있는 홀가분한 마음이 된다면 그것만큼 최고의 죽음 준비가 또 있을까. 내가 지금 여기 살아 있다는 것을 잊지 말자. 이 책을 펼치는 당신이 죽음을 떠올려 단 한 번뿐인 삶을 후회 없이 살아가는 것. 이 책의 목적은 이것 하나뿐이다. 그리고 먼저 떠나간 사람을 기억하자. 죽은 자를 위해 살아 있는 자가 할 수 있는 일은 이것 하나뿐이니까.

좋아하는 삶을 살아갈 수 있는 용기를 나에게 가장 큰 유산으로 물려주고 먼저 떠나간 사람들에게 이 책을 바친다. 나의 아빠 홍우표, 나의 외삼촌 김학선, 나의 외할아버지 김유경, 그리고 조진만 선생님 잊지 않겠습니다.

가을 문턱에서

홍지혜

1장

✳

나는 얼마나 살 수 있을까?

2장

✳

모두 잘 늙고 있습니까?

3장

✳

마지막 순간, 나는 어떤 모습일까?

4장

✳

무엇을 남기겠습니까?

5장

잘 기억하고 잘 기억되기

6장

내 생애 한 번뿐인 장례식

7장

✳

죽음을 준비하는 자세

8장

나와 가까운 사람의 죽음

9장

✦

어쩌면 나와 연결된 이들의 죽음

10장

후회 없이 살고 있습니까?

우리에게 남은 시간은 얼마일까?
내게 주어진 시간이 얼마인지 알 수는 없지만,
그 시간을 잘 쓸 수는 있다.
남은 인생을 잘 보내기 위해 스스로에게 질문해보자.

1장

나는 얼마나 살 수 있을까?

keyword

#수명 #생활 습관 #평균 수명 계산법

#개별적 사인 #인체의 노화 #은퇴자

#통계적 사인 #수명의 기쁨과 슬픔

#수명에 대한 나의 태도 #수명연장 #수명가격

인간으로서 당신은 세 가지 일만 할 수 있다.
태어나는 것, 사는 것, 죽는 것.
ㅇ 장 드 라브뤼예르(Jean de La Bruyère, 프랑스의 수필가)

산다는 것은 호흡하는 것이 아니라 행동하는 것이다.
ㅇ 장 자크 루소(Jean-Jacques Rousseau, 프랑스의 소설가)

인생은 왕복 차표를 발행하지 않는다.
한 번 여행을 떠나면 다시는 돌아오지 못한다.
ㅇ 로맹 롤랑(Romain Rolland, 프랑스의 소설가)

내일이 먼저 올지, 다음 생이 먼저 올지 아무도 모른다.
ㅇ 티베트 속담

우리는 단지 소작인에 불과하다.
조만간에 대지주는 계약 기간이 만료되었음을 통보할 것이다.
ㅇ 조셉 제퍼슨(Joseph Jefferson, 미국의 배우)

이곳에
얼마나 더 머물고 싶은가?

오늘은 당신이 지구에 태어난 지 며칠째 되는 날인가? 대부분은 2만 2,000일(60년)에서 3만 3,000일(90년)을 머물다 지구를 떠난다. 이 중 10퍼센트는 더 일찍 떠나고, 극소수는 4만 일 동안 머문다. 당신은 지금까지 살아온 날이 더 많은가, 앞으로 살아갈 날이 더 많은가? 당신은 이곳에 얼마나 더 머물고 싶으며 그 이유는 무엇인가?

당신이
150세까지 살 수 있다면?

방금 당신의 생체정보 검사를 마친 의사에게 예상 수명이 150세라는 진단을 받았다. 이 소식을 듣게 된 당신은 기쁜가, 슬픈가?

당신의
평균 수명은?

사람의 심장은 평생 20억 번에서 25억 번을 뛴다. 호흡을 하는 동물의 평균 수명은 제각각이지만, 죽을 때까지 뛰는 심박수의 총합은 정해져 있다. 예를 들어 분당 심박수가 400회 이상으로 아주 빠른 쥐는 2년도 채 살지 못하고, 분당 심박수가 10회 이하인 거북이는 100년 이상을 산다.

이 이론을 바탕으로 당신의 수명도 계산할 수 있다. 사람의 평생 심박수를 당신의 분당 심박수로 나눈 뒤에 단위를 1년으로 바꾸면 된다. 분당 심박수가 65회라면, 당신의 평균 수명은 73.2년[[25억 번÷65회÷525,600분(60분×24시간×365일)]이 된다. 지금 타이머를 맞추고 1분간 손목의 맥을 짚어보라.

당신의 심장은 1분에 몇 번 뛰는가? 대부분은 60~70회이고, 평소 몸을 운동선수처럼 단련해온 사람이라면 50회 이하이다. 이 계산에 따르면 당신의 평균 수명은 몇 살인가, 그때까지 당신에게는 얼마만큼의 시간이 남아 있는가?

당신의 육체는
언제까지 온전할까?

인체는 206개의 뼈와 656개의 근육, 각기 다른 역할을 하는 78개의 기관이 조화를 이룰 때 건강한 상태가 유지된다. 만약 노화나 사고로 인해 어느 한 가지가 무너지면 일순간 건강을 잃는다. 대부분의 사람들이 평생 지출하는 의료비의 90퍼센트를 임종 직전 1~2년 동안 쓴다는 것이 그 증거다.

사람들은 아프기 전까지는 자기 육체가 언제까지나 최고의 컨디션으로 기능할 것이라 믿으며 살아간다. 당신의 육체는 언제까지 최상의 상태를 유지할 수 있을까? 그렇게 생각하는 객관적인 근거는 무엇인가? 건강수명을 유지하기 위해 당신이 지금 하고 있는 노력은 무엇인가?

지금 하는 일은
당신의 수명에 도움이 되는가?

현대인의 수명은 부자일수록 긴 경향이 있다. 그럼에도 불구하고 돈을 잘 버는 의사들의 평균 수명은 일반인보다 7년이나 짧다. 평균 수명이 가장 높은 직업은 종교인이고, 반대로 가장 짧은 직업은 언론인이라는 조사가 있다. 왜 이런 결과가 나왔다고 생각하는가? 당신은 지금 하는 일을 좋아하고 있는가? 그 일로 무엇을 얻고 있는가? 만족할 만한 돈이나 시간 혹은 보람을 벌고 있는가?

당신 주변에 있는 지인들을 떠올려보라. 어떤 일을 하는 사람이 가장 먼저 건강 문제로 은퇴할 것 같은가? 만약 좋아하는 일을 할 수 있다면 수명이 좀 줄어든다 한들 개의치 않고 계속 그 일을 하겠는가, 아니면 아무리 좋아하는 일이라도 수명을 갉아먹는 일이라면 당장 그만두겠는가?

삶을 연장해줄
습관이 있는가?

매일 조금씩 하는 것만큼 삶을 확실하게 바꾸는 것은 없다. 매일 10분의 명상, 침대 옆에서 하는 가벼운 스트레칭, 균형 있는 식단, 사랑하는 사람과의 대화로 하루를 시작하기, 가벼운 동네 산책. 이것들은 건강한 삶을 사는 사람들이 공통으로 강조하는 아침 습관이다.

요즘 당신이 일어나서 가장 먼저 떠올리는 생각, 가장 먼저 하는 말, 가장 먼저 먹는 음식, 가장 먼저 하는 행동은 무엇인가? 그것은 당신의 삶을 건강하게 가꾸는 데 도움이 되고 있는가, 아니면 그 반대인가?

정보의 늪에서
당신의 하루는 안녕한가?

안 먹는 것보다는 낫겠지 하는 생각에 챙겨 먹는 영양제, 몸 만들기에 좋을 것 같아 시작했지만 몇 년째 실력이 나아지지 않는 요가와 필라테스, 스트레스를 줄여준다는 명상법, 숙면을 도와준다는 앱과 친구가 추천해준 운동 영상. 당신은 하루에 얼마나 많은 건강 정보를 접하고 있는가? 그렇게 알게 된 다양한 정보만큼 하루하루 건강하게 살고 있는가?

당신이 중독되어 있는 것은 무엇인가?

똑—딱. 방금 두 사람이 세상을 떠났다. 1초에 두 명 꼴로 매년 5,600만 명이 목숨을 잃는다. 그중 60만 명은 전쟁과 범죄로, 135만 명은 교통사고로 사망한다. 그리고 매년 1,000만 명의 사람들이 흡연과 음주로 인해 질병을 앓다 죽는다. 전쟁과 범죄보다 16배나 높은 수치다.

　대부분 술과 담배가 건강에 치명적이라는 사실을 알고 있지만, 끊는 과정이 정신건강에 더 치명적이라는 핑계로 쉽게 끊지 못한다. 당신에게도 쉽게 끊어내지 못하는 치명적인 습관이 있는가? 술이나 담배, 쇼핑이나 도박, 감정이나 관계 등 당신은 무엇에 중독된 삶을 살고 있는가? 현재 당신의 삶으로 미루어볼 때, 당신의 죽음에 기여도가 가장 높을 것 같은 치명적인 습관은 무엇인가?

전 세계 노인 85퍼센트가 앓는 질병에 대비하고 있는가?

동맥경화, 고혈압, 당뇨, 비만, 알츠하이머, 암. 당신이 죽는다면 이 중 하나로 숨을 거둘 가능성이 크다. 전 세계 노인 85퍼센트가 이 여섯 종류의 질병을 앓다가 세상을 떠났기 때문이다.

병명은 다르지만 죽음에 이르는 과정은 비슷하다. 당신의 동맥은 어느 순간 확 좁아져 원활한 혈액 공급이 힘들어지면서 자연스레 영양분과 산소 공급이 줄어든다. 당신도, 친구도, 그 친구의 친구도 이런 과정을 거쳐 결국 죽는다. 주변에 이런 질병을 앓고 있는 사람이 있는가? 그들을 보며 당신은 무엇을 대비하고 있는가?

당신의 삶은
누구를 닮았는가?

당신의 가족 중에 가장 일찍 세상을 떠난 사람은 누구인가, 반대로 가장 오래 살았던 사람은 누구인가? 그 둘의 가장 큰 차이는 무엇이라고 생각하는가? 지금 당신의 삶은 둘 중 누구를 더 닮았는가?

오롯이 내 의지대로 살아온
시간은 얼마만큼인가?

시간은 누구에게나 주어지는 가장 공평한 유산이다. 당신이 80세까지 산다면 그중 3분의 1은 잠을 자는 데 쓸 것이고, 나머지 시간의 절반은 일하는 데 쓸 것이다. 그럼 남은 시간은 27년이다. 평균적으로 식사하는 데 7년, 길에서 보내는 데 5년, 무언가를 기다리는 데 3년, 화장실 가는 데 1년, 양치하는 데 177일을 쓴다.

그렇다면 이 가운데 당신의 의지대로 살아온 시간은 얼마만큼인가? 좋아하는 드라마나 영화를 볼 때처럼 당신의 삶을 집중해서 들여다본 시간은 얼마나 있는가? 사랑하는 사람에게 음식을 직접 만들어준 적은 몇 번이나 있는가? 누군가 시키지 않은 일을 자발적으로 해본 적은 얼마나 되는가?

그 시간이 겹겹이 쌓여 지금의 당신을 만들었

다. 당신이 눈을 감기 전, 가장 의미 있는 순간들을 하나로 합친다면 그 시간은 80년 중 몇 년, 몇 달, 며칠 혹은 몇 시간을 차지할까?

2001년 이전 출생자 중
150세까지 사는 사람이 있을까?

"2001년 이전 출생자 중 150세까지 사는 사람이 있을까?" 이 질문에 생명공학 분야 두 석학이 상반된 의견으로 서로 내기를 했다. 이들은 매달 150달러를 예치했고 결과를 알 수 있는 2150년에 이긴 사람의 후손이 2억 달러의 상금을 받기로 했다.

'없다'는 측은 인간의 유전 프로그램을 근거로 든다. 유전 프로그램은 37억 년에 걸친 진화의 산물로 인간의 성장과 발달, 성숙과 번식을 총괄한다. 이에 따라 150세까지 사는 것은 불가능하다는 입장이다. 반대 측은 의학이 발전한 만큼 인간의 수명이 늘어난 것을 근거로 제시한다. 80년 전만 해도 마다가스카르인과 일본인의 평균 수명이 비슷했지만 현재는 마다가스카르인이 62세, 일본인이 82세로 무려 20년의 차이가 난다. 그 이유는 2차 세계대전을 겪으며 일본의 의학이 눈부시게 발전했기 때문이라고 말한다. 당신의 후손이 2억 달러의 상금을 받을 수 있다면 당신은 둘 중 어느 쪽에 베팅하겠는가?

당신의 식습관은
건강수명에 기여하는가?

전 세계 사망 원인 1위는 바로 잘못된 식습관이다. 매년 교통사고 사망자 수의 10배가 넘는 사람들이 잘못된 식습관 혹은 기호식품 섭취와 같은 식이 요인으로 사망한다.

당신이 평소 가공된 육류나 탄산음료, 동물성 단백질을 자주 섭취하고 있다면 이러한 식습관으로 조기 사망할 확률이 높다. 건강한 음식을 챙겨 먹는 사람이 모두 건강하게 사는 것은 아니지만, 건강한 사람은 대부분 건강한 식습관을 지니고 있다. 당신의 식습관 중 건강수명에 기여하는 가장 좋은 습관은 무엇이고, 반대로 가장 나쁜 습관은 무엇인가?

먹는 즐거움을
포기할 수 있는가?

허리둘레가 2인치씩 늘 때마다 사망률이 10퍼센트 올라간다면, 당신은 기꺼이 몸무게를 줄여서라도 건강수명을 연장하겠는가?

당신이 지난 일주일간 즐겨 먹었던 패스트푸드 중 하나를 평생 포기한다면, 건강수명은 1년 더 늘어난다고 해보자. 그래도 당신은 먹는 즐거움이 함께하는 삶을 살겠는가, 아니면 건강수명을 위해 패스트푸드를 끊거나 자제하는 삶을 살겠는가? 둘 중 어떤 삶이 당신에게 더 즐거운 인생인가?

누군가에게 수명을
나누어 줄 수 있다면?

고대 이집트인의 평균 수명은 25세, 산업혁명 시대 영국인의 평균 수명은 37세다. 그리고 1900년대에 들어서야 미국인의 평균 수명이 40세를 넘겼다. 1000년 전에는 50세를 넘겨 산 사람이 거의 없고, 20년 전까지도 100세 노인을 찾아보기 힘들었다. 그에 반해 최근 100년 동안 인간의 수명은 두 배 이상 늘었고, 최근 10년 동안 한국의 100세 이상 인구는 세 배 가까이 증가했다.

당신은 이 시대의 평균 수명이 83.6세라는 것에 얼마나 만족하는가? 만약 당신의 수명을 다른 사람이나 동물에게 나누어주는 대신 그만큼 삶의 질을 높일 수 있다면 기꺼이 그렇게 하겠는가? 당신은 어떤 생명체에게 몇 년 치의 수명을 나누어 주겠는가? 또 그렇게 하고 싶은 이유는 무엇인가?

당신이 오래 살면
지구에 도움이 될까?

평균 수명이 200살인 북극고래, 500년 이상 생존하는 그린란드상어, 영생불멸의 DNA를 지니고 있어 자연사하지 않는 랍스터. 바닷속에는 아직 인간이 풀지 못한 생명의 실타래를 품고 있는 신비로운 생물체가 많다.

하지만 최근 급격히 높아진 수온으로 인해 해양 생태계에서는 수백 종의 생물체가 멸종되었다. 이것은 인류가 그 어느 때보다도 풍요롭게 살고 있다고 자부하는 최근 100년간 벌어진 일이다. 그렇다면 당신이 가능한 한 오래 사는 삶은 과연 지구에 도움이 될까? 도움이 된다면 어떤 도움이 될까?

당신이 지구에 존재해야 하는 이유는 무엇인가?

당신이 지금 살고 있는 이 행성은 10년 후 산소와 에너지 부족으로 현재 인구의 절반이 다른 행성으로 강제 이주를 해야 하는 상황이다. 하지만 그곳의 생존 조건은 열악하다. 의식주를 보장받을 수 없으며 매일 12시간 이상 육체노동을 해야 한다. 또한 영하 50도의 추위가 목숨을 위협할 것이다.

이제 남은 10년간 당신은 이곳에 남아야 할 객관적인 이유를 찾고, AI 관리자에게 말해야 한다. 관리자는 당신의 말을 듣고 당신이 이곳에 남아야 할 유익한 존재인지 아닌지 판단할 것이다. 당신은 그에게 당신이 지구에 존재해야 하는 이유를 무엇이라고 설명하겠는가? 10년 후 당신이 지구에 남는 인류에 속할 가능성은 몇 퍼센트라고 생각하는가?

당신의 1년 치 수명에
가격을 매긴다면?

이번 생에서 아직 이루지 못했지만 당신이 간절히 원하는 것은 무엇인가? 더 큰 집이나 좋은 차, 어떤 사회적 성취나 명성, 삶의 충만함을 느끼게 해주는 존재 등 그것이 무엇이든 지금 당장 가질 수 있다면 당신의 수명이 줄어드는 조건이더라도 얻겠는가? 그것을 위해 최대 얼마의 수명까지 희생할 용의가 있는가? 당신의 1년 치 수명에 가격을 매긴다면 얼마가 적당할 것 같은가?

타인의 몸을
빌려 살 수 있다면?

2068년, 과학자들은 정신과 육체를 완전히 분리해내는 데 성공했다. 불치병 환자도 정신만 또렷하다면 타인의 몸을 빌려 자기 의식과 자아를 그대로 유지한 채 살아갈 수 있게 된 것이다. 게다가 타인의 육체로 갈아타면서 최대 300년까지 수명을 연장할 수도 있다.

내 몸은 더 이상 존재하지 않더라도 내 정신을 지니고 계속 살아갈 수 있다면 그렇게 살아볼 의향이 있는가? 당신은 이 서비스에 최대 얼마의 비용을 지불할 수 있는가?

죽음에 관한 통계에서
자유로울 수 있는가?

40대 중반을 넘긴 사람들만 모여 사는 마을이라면 주민의 절반 이상이 병원에서 항암치료를 받다 죽을 것이다. 10대부터 30대까지만 모여 사는 마을이라면 그중 절반은 자살로 갑자기 생을 마감할 것이다. 당신이 남자라면 어느 쪽에 속해도 그 가능성은 여자보다 두 배 더 높아진다. 당신은 이 죽음의 통계로부터 얼마나 자유로울 수 있다고 생각하는가?

죽음은
누구의 책임일까?

당신이 제명에 살지 못하고 죽는다면 그 결정적인 이유는 무엇일까, 지금 하고 있는 일이나 매일 부딪치는 사람들 때문일까? 타고난 성격이나 기질 혹은 그것과 상관없는 외부환경 탓일까? 그것도 아니면 단지 운이 없었던 것일까? 급히 찾아온 죽음을 스스로 납득해야 하는 상황에서 결정적인 원인을 찾는다면, 당신은 무엇에 가장 큰 책임을 돌릴 것인가?

당신의 불안은
어디에서 비롯되는가?

당신은 기차를 기다리는 플랫폼 위에서 누군가 뒤에서 나를 밀면 어떡하지 하는 불안에 휩싸인 적이 있는가? 난기류를 만난 비행기 안에서 죽음을 떠올려본 적이 있는가?

당신이 사고나 죽음에 대한 두려움을 누구보다 가까이에서 자주 느낀다면 그 원인은 무엇이라고 생각하는가? 어느 정도의 불안은 생명 유지에 도움이 되겠지만 지나친 불안은 되레 수명을 단축시킨다. 당신은 안전에 민감한 편인가, 둔감한 편인가? 그것이 당신의 건강수명에 얼마나 도움이 된다고 생각하는가?

태어난 순간
죽음은 시작된다.

프랜시스 베이컨(Francis Bacon, 영국의 철학자)

태어나는 순간부터 우리는 죽음을 향해 가고 있다.
죽음만큼 우리에게 다가올 확실한 미래는 없다.
이 장에서는 잘 늙기 위한 질문을 준비했다.
후회 없는 삶을 만들고
원하는 모습으로 늙어가기 위해 질문에 답해보자.

2장

모두 잘 늙고 있습니까?

keyword

#노년 #노화 #질병 #죽음을 앞둔 삶 #꿈꾸는 노년
#노년의 표정 #감각의 노화 #생애주기 #신체 독립성
#노화를 받아들이는 태도 #상실 #동정 #면역력 순위
#임종 여행 #투병의 자세

죽음은 성장의 마지막 기회다.
○ 엘리자베스 퀴블러 로스(Elizabeth Kubler Ross, 미국의 의사)

인생의 가치는 그 길이에 있는 것이 아니라
어떻게 사는가에 달려 있다.
○ 미셸 드 몽테뉴(Michel Eyquem de Montaigne, 프랑스의 철학자)

나이 든다는 것은 열정에서 연민으로 나아가는 것이다.
○ 알베르 카뮈(Albert Camus, 프랑스의 소설가)

햇빛을 마주 보고 서라.
그러면 그림자는 그대 등 뒤에 머물 것이다.
○ 월트 휘트먼(Walt Whitman, 미국의 시인)

내게 남은 하루하루를 즐겁게 살아갈 것이다.
삶을 잘 사는 다른 방법은 없기 때문이다.
○ 랜디 포시(Randolph Frederick Pausch, 카네기멜론대학 교수)

어떤 노인이
되고 싶은가?

노인은 대부분 두 부류로 나뉜다. 까다롭거나 평화롭거나. 당신은 어떤 모습일까? 당신이 행복하게 떠올리는 노년의 모습을 하나의 형용사나 동사로 표현해보라.

훌라후프를 하는 귀여운 할머니가 되고 싶은가, 타인의 말에 귀 기울이는 다정한 할아버지가 되고 싶은가? 혹은 어떠한 순간에도 멋을 잃지 않는 노인이 되고 싶은가? 당신은 죽음에 가까워질수록 어떤 사람이 되고 싶은가?

당신은
어떤 감정 표현에 서툰가?

지난 1년간 당신은 얼마나 웃고 또 얼마나 울었는가? 우리가 살면서 가장 많은 시간을 할애하는 감정은 분노와 슬픔이다. 대체로 한 사람이 평생 우는 시간은 평생 웃는 시간을 합친 것보다 훨씬 많다.

　　당신은 평소 어떤 감정 표현에 익숙하고, 어떤 감정 표현에 인색한가? 만약 지금처럼 쭉 살다가 노년을 맞이한다면 당신은 어떤 노인이 되어 있을 것 같은가? 그것은 당신이 바라던 모습인가?

당신이 평생 쓰는 산소는 얼마일까?

당신은 1분에 15회 이상 호흡하는 포유류다. 당신의 폐는 매일 1만 리터 이상의 공기를 들이마시며, 그렇게 들이마신 공기 중에 섞여 있는 21퍼센트의 산소를 걸러내는 일을 평생 묵묵히 수행한다. 그러므로 미세먼지나 이산화질소 같은 유해 물질이 가득한 공기에 반복적으로 노출된다면 폐의 정화 기능은 곧 한계에 도달할 것이다.

　만약 신선한 공기가 있는 곳에 산다면 하루 평균 필요 산소량은 360리터다. 느티나무 한 그루가 한 사람이 1년간 숨 쉬는 데 필요한 산소를 만들어낸다면, 앞으로 당신이 숨 쉬는 데 필요한 느티나무는 몇 그루인가? 당신은 살면서 몇 그루의 나무를 심어보았는가?

지혜로운 노인은
어떤 모습일까?

한 노인이 말한다. "나이를 먹는다고 저절로 현명해지는 일은 없다." 또 다른 노인이 말한다. "노인 한 사람이 죽으면 도서관 하나가 불타는 것과 같다." 당신은 둘 중 누가 더 지혜로운 노인이라고 생각하는가?

당신이 마지막까지
붙잡고 싶은 감각은?

당신의 감각 중 가장 먼저 노화가 시작되는 것은 청각이다. 30대부터 약해지기 시작해 65세가 넘으면 원래 세포의 30퍼센트를 잃는다. 50대부터는 후각이 쇠퇴한다. 민트나 카레 향이 예전만큼 강하게 느껴지지 않을 것이다.

60대가 되면 망막에 도달하는 빛이 20대의 3분의 1 수준이 된다. 손에 있는 신경세포도 능력이 저하되어 촉감 민감도가 떨어진다. 휴대폰 진동의 세기에 무뎌지고 터치하는 손동작도 예전보다 느려질 것이다. 혀의 미각 세포도 크게 줄어 간을 맞추기가 점점 힘들어지고 당신의 요리는 더 이상 사람들에게 인기를 끌지 못할 것이다. 오감이 쇠퇴하면 희로애락도 그만큼 감소한다.

당신은 얼마 안 있어 미각을 잃더라도 아쉽지

않을 만큼 충분히 맛있게 음식을 먹고 있는가? 지금 이 계절이 마지막이라고 해도 미련이 없을 만큼 날마다 변하는 풍경을 눈에 담고 있는가? 당신이 마지막 순간까지 잃고 싶지 않은 감각은 무엇인가?

당신이 통과 중인
생애주기는?

인간의 생애를 미성년, 청년, 중년, 노년으로 나눈다면 당신은 지금 어디쯤을 통과하는 중인가? 최근 유엔은 0~17세까지 미성년, 18~65세까지 청년, 66~79세까지 중년, 80~99세까지를 노년, 100세 이상은 장수 노인이라고 생애주기를 새롭게 정의했다. 당신은 이 생애주기에 얼마나 동의하는가? 새로운 생애주기를 나눈 기준은 무엇이라고 생각하는가?

신체 독립성을
언제까지 유지할 수 있을까?

의료 전문가는 다음의 여덟 가지 일상 활동을 스스로 하지 못할 경우 신체 독립성이 떨어지는 것으로 판단한다. 화장실 가기, 밥 먹기, 옷 입기, 목욕하기, 머리 손질 같은 몸단장하기, 침대에서 일어나기, 의자에서 일어나기, 걷기.

당신은 이러한 신체 독립성을 언제까지 유지할 수 있을 것 같은가? 그때까지 당신에게는 얼마만큼의 시간이 남아 있는가? 당신은 지금 주어진 신체 독립성을 충분히 즐기며 살고 있는가?

당신의 자존감을
지켜주는 것은 무엇인가?

삶과 죽음은 뜻대로 되지 않는다는 공통점이 있다. 죽음이 더 두려운 이유는 자율성을 서서히 잃어버리기 때문일 것이다.

당신은 어느 시점부터 누군가에게 도움을 청하게 될 것이고 의지하게 될 것이다. 이제까지 누구의 도움 없이 스스로 문제를 해결하려던 태도가 당신의 자존감을 높였다면, 지금부터는 선뜻 도움을 청할 수 있는 태도가 당신의 자존감을 지켜줄 것이다. 당신은 노년기에 무엇에 스스럼없이 의지하게 될까? 가족이나 친구일까, 반려동물일까, 명예나 돈일까? 그것이 당신의 자존감을 지켜주는 데 얼마나 도움이 될까?

노화를 어떻게
받아들일 것인가?

늙는다는 것은 매일 무언가를 잃는 것과 다름없다. 30대부터는 심장의 힘이 약해져 이전처럼 계단을 빠르게 오르기 힘들다. 40대가 되면 근육이 탄력성을 잃어 피부가 얇아지고 작은 충격에도 여기저기 멍들기 쉽다. 50대부터는 골밀도가 해마다 평균 1퍼센트씩 떨어져 골절상을 입기 쉬운 몸이 된다. 60대가 되면 원래 치아의 3분의 1을 잃고, 70대에는 뇌가 줄어들어 두개골 안에 약 2.5센티미터의 공간이 생긴다. 그래서 머리에 충격을 받으면 뇌출혈을 일으킬 확률이 높아진다.

당신은 이런 노화의 과정을 자연의 순리로 받아들이겠는가, 질병처럼 여기고 적극적으로 예방하며 살겠는가? 어느 편이 당신의 행복한 노후를 위해 도움이 되는 태도인가?

육체의 고통 vs 삶이 끝난다는 두려움

당신은 죽기 직전까지 얼마나 큰 고통을 당할지 모르고, 당신의 임종을 누가 지킬지도 모른다. 당신이 떠난 후 남겨진 일이 어떻게 처리될지도 알 수 없다. 죽기 전까지 활기찼던 몸의 감각, 사랑하는 사람과 함께했던 모든 기억, 지금까지 당신의 삶을 움직이게 했던 모든 생활 방식을 서서히 잃어갈 것이다.

당신은 죽음 직전에 마주하게 될 육체의 고통이 두려운가, 삶이 완전히 끝난다는 사실 그 자체가 두려운가? 이러한 두려움이 당신을 더 성숙한 존재로 이끈다고 생각하는가, 죽음을 피할 수 없는 나약한 존재로 더 초라하게 만든다고 생각하는가?

아무도 동정하지 않는 삶 vs 모두가 동정하는 삶

시한부 삶을 선고받은 당신. 그런 당신의 처지를 알게 된 주변인들은 당신을 측은히 여기며 최선을 다해 친절을 베푼다. 당신은 그 호의와 연민을 기꺼이 즐기며 인생의 마지막을 살다 가겠는가? 형식적인 위로와 동정을 불편해하며 그들에게 이전과 같이 대해 달라고 부탁하겠는가? 아무도 당신을 동정하지 않는 삶, 모두가 당신을 동정하는 삶. 둘 중 당신이 더 견디지 못하는 것은 무엇인가?

당신이 듣고 싶은
위로의 말은?

난치병 환자가 된 당신에게 사람들이 저마다의 방식으로 위로의 말을 건넨다.

"괜찮아. 약 잘 먹고 치료 잘 받으면서 하루하루 잘 버티다 보면, 어느 순간 그동안 마음 졸인 게 허무할 정도로 깨끗이 나을 거야"라며 긍정적인 희망을 주는 사람.

"나 아는 사람도 비슷한 병으로 고생했는데, 매일 이런 운동하고 이 약을 먹어서 많이 좋아졌대"라며 치료법에 대해 구체적인 조언을 해주는 사람.

"네가 이런 병에 걸렸다니 정말 믿기지 않아, 너무 힘들겠다"라며 당신을 끌어안고 울어주는 사람. 당신은 이 중 누구의 말에 가장 큰 위로를 받을 것 같은가? 당신은 평소 사람들에게 어떤 위로를 건네는 편인가?

사망 원인 1위인 암에
대비하고 있는가?

암은 40년째 한국인의 직접적인 사망 원인 1위다. 암 환자 다섯 명 중 한 명은 폐암으로 사망하고 나머지는 간암, 대장암, 위암 등으로 사망한다.

당신이 60대라면 당신의 지인 넷 중 하나는 암 환자이거나 암 환자였을 확률이 높다. 당신 집안에도 암으로 생을 마감한 사람이 있다면 그는 어떤 암이었는가?

암은 유전적 질환이다. 하지만 생활 습관을 바꾸면 발병 위험을 크게 낮출 수 있는 질병이기도 하다. 그렇다면 당신은 남은 생애 동안 발병률을 낮추기 위해 일상에서 부단히 노력하며 살겠는가? 혹은 이런 통계나 가족 병력에 개의치 않고 그냥 마음 가는 대로 살다가 생을 마감하겠는가?

안전이 보장되는 나라 vs
자유가 보장되는 나라

앞으로 50년 동안 다양한 신종 바이러스가 출몰하는 시대를 살게 될 것이다. 당신은 여생을 보내기 위해 다음 둘 중 한 곳으로 떠날 수 있다.

먼저 이곳은 통제의 나라다. 생명을 사회의 최우선 가치로 두고 개개인의 안전을 보장한다. 대신 누구나 언제 어디서나 통제 및 감시를 받으며, 사회 구성원은 서로를 견제하는 감시자 역할을 한다. 외출과 경제 활동이 자유롭지 못해 우울증 환자가 증가하지만 바이러스로 인한 사망률은 5퍼센트 미만을 유지한다.

다른 곳은 방임의 나라다. 이곳에서는 단 하루를 살더라도 개인의 자유가 얼마나 보장되는가를 가장 중요시한다. 자기가 원하는 방식으로 행복을 추구할 수 있지만 바이러스로 인한 사망률은 15퍼센트에 달한다. 사회 구성원은 서로의 죽음을 목격해도 무시하는 방조자 역할에 머무른다. 당신은 어느 곳으로 떠나겠는가?

당신의
면역력 순위는?

전 세계 80억 인구 대부분이 이 바이러스에 감염되었고 그중 1퍼센트는 목숨을 잃었다. 고열과 오환을 동반하는 이 감염병은 여러 합병증과 부작용을 동반해 전 세계를 공포로 몰아넣었다. 누군가는 치료 한 번으로 말끔히 나았지만 누군가는 단기간에 목숨을 잃었다.

이것은 단지 운이 있고 없음의 차이일까? 만약 당신이 100명의 사람들과 같은 감염병에 노출된다면, 당신의 면역력은 상위 몇 퍼센트에 해당할까? 그렇게 생각하는 객관적인 근거는 무엇인가?

언제쯤 죽어야
억울하지 않을까?

당신은 지금 깊은 슬픔에 빠져 있다. 아직 때가 안
되었는데 죽음이 당신을 찾아왔다는 사실이 서럽기
만 하다. 곧 죽는다는 자신에 대한 연민, 사랑하는
사람을 두고 가야 한다는 상실감, 아직 무언가를 완
성하지 못했다는 아쉬움, 다시는 볼 수 없을 세상에
대한 미련 때문에 당신은 계속해서 울고 있다.

서른을 넘기면 8년을 주기로 바로 다음 해에 죽
을 확률이 두 배씩 높아진다고 한다. 그렇다면 당신
은 언제쯤 죽어야 억울하지 않을 것 같은가? 구체적
인 숫자로 생각해보라. 당신은 몇 살 이후에 죽어야
불평하지 않고 죽음을 맞이할 자신이 있는가?

당신은 어떤 태도로
죽음에 맞서고 있는가?

우리는 '언젠가' 죽는다고 생각하지 '곧' 죽는다고 생각하지 않는다. 언젠가 다가올 죽음에 대해 당신은 무의식적으로 다음의 세 가지 태도를 혼합해 사용하고 있을 것이다. 당신은 지금 어떤 태도로 죽음에 맞서고 있는가?

1. 죽음이 코앞에 닥칠 때까지 나와는 상관없는 일로 여기며 끝까지 외면하기
2. 삶의 덧없음에 대해 사색하며 회의하기
3. 더 좋은 삶을 살기 위한 관문이라며 자신과 타인을 위로하기

오늘이 마지막인 것처럼 vs
영원히 죽지 않을 것처럼

지구상에서 유일하게 죽음을 인식할 수 있는 동물이 인간이라면, 당신은 인간으로 살아서 불행하다고 생각하는가, 다행이라고 생각하는가? 죽음을 종종 떠올리는 것은 현재의 삶에 얼마나 도움이 된다고 생각하는가?

당신은 죽을 때가 코앞에 올 때까지 그것을 모른 척하고 살고 싶은가, 죽을 때를 향해 가는 것을 하루하루 섬세하게 알아차리며 살아가고 싶은가? 오늘이 마지막 날인 것처럼 사는 것과 영원히 죽음이 오지 않을 것처럼 사는 것. 둘 중 어떤 삶이 당신을 더 행복하게 해줄까?

죽기 전에 가고 싶은
여행지는 어디인가?

만약 죽기 전 마지막으로 여행길에 오를 수 있다면
어디로 향하고 싶은가? 걸어도 걸어도 끝없는 산티
아고 순례길, 자전거로 횡단하는 실크로드, 스쿠터
로 일주하는 남미 대륙, 크루즈를 타고 항해하는 남
극의 대자연. 죽기 전 당신에게 가장 큰 위로가 되는
풍경은 어떤 것인가? 당신은 어떤 풍경 안에서 여생
을 정리하고 싶은가?

잘 죽기 위해
필요한 것은 무엇일까?

죽음을 목전에 둔 백발의 노인이 말한다. "인생에는 네 가지가 필요하단다. 먼저 할 일이 있어야 해. 그리고 누군가 사랑할 대상이 있어야 하지. 누군가를 전적으로 믿을 수 있는 용기와 무언가를 진정으로 원하는 마음도 있어야 한단다."

이것이 삶에 필요한 네 가지라면 죽음에 필요한 네 가지는 무엇이라고 생각하는가?

당신은 생존게임을
어떻게 설계하겠는가?

당신은 모든 것을 잃었다. 번듯한 직장과 안락한 집을 잃었고 소중한 친구들마저 당신을 떠났다. 당신에게는 두 가지 선택지가 있다. 이대로 생을 포기하거나, 목숨을 걸고 다시 한번 일어나거나. 당신은 후자를 택했다.

지금 당신이 서 있는 곳은 거대한 게임장이다. 당신과 같은 처지의 사람들이 전 세계에서 몰려와 인생역전을 꿈꾸고 있다. 이 게임의 최종 우승자가 되면 원하는 만큼 돈을 가져갈 수 있다. 하지만 우승하지 못하면 당신은 목숨을 잃을 것이다.

당신이 이 게임에서 우승할 확률은 단 1퍼센트, 다만 당신에게 유리한 종목을 스스로 만들어 참여할 수 있다. 참여자 100명 중 당신이 1등을 할 수 있는 종목은 무엇인가?

당신은 인문, 자연과학, 언어, 역사, 체육, 창작, 실용 기술 등 어떤 분야의 어떤 종목을 설계해 게임에 참여하겠는가? 그리고 당신의 목숨을 건 이곳에서 당신이 원하는 최종 상금은 얼마인가?

부작용을 감수하고
모험을 해보겠는가?

당신은 난치병 환자로 5년 안에 죽음을 맞이할 운명이다. 그러던 어느 날 획기적인 치료법이 개발되었다는 소식을 듣는다. 의료용 나노 로봇이 혈관을 타고 들어가는 새로운 방식의 치료법으로 완치율이 무려 80퍼센트에 달한다. 앞으로 한 달간 조기 치료 대상자들에게는 정부가 치료비를 전액 지원한다는 희소식도 있다.

단, 치명적인 위험 요소가 있다. 누군가 의료용 로봇을 해킹해 당신을 생체실험 대상자로 삼을 수도 있다는 것 그리고 아직 검증되지 않은 치료법인 만큼 부작용으로 목숨을 잃을 확률이 10퍼센트에 이른다는 것이다. 당신은 이런 위험에도 불구하고 하루라도 빨리 치료를 받아 완치되고 싶은가, 치료 효과가 확실히 보장될 때까지 기다렸다 치료하고 싶은가?

죽음을 두려워하지 말라.

못난 인생을 두려워하라.

베르톨트 브레히트(Bertolt Brecht, 독일의 극작가)

나는 과연 언제 어디에서 어떻게 죽을까?
생을 정리하는 마지막 순간에
누구와 같이 있을까 혹은 혼자 있을까?
인생의 마지막 순간을 정교하게 그려보는 것은
매일을 사는 데 도움이 된다.
이 장에서는 임종의 모습을 그려볼 수 있는
질문을 준비했다.

3장

마지막 순간,
나는 어떤 모습일까?

keyword

#죽음의 순서 #마지막 비밀 #마지막 취미

#마지막 인간관계 #희망 사인 #회피 사인 #임종 취향

#임종 얼굴 #임종 장소 #시한부

#버킷리스트 #간병인 #투병 일지

#죽기 전에 듣고 싶은 말 #용서

당신은 죽음 앞에 서봐야
자기 자신이 어떤 사람인지 알게 될 것이다.

○ 작자 미상

태어나는 방법은 하나뿐이지만,
죽음의 방법에는 여러 가지가 있다.

○ 슬라브 속담

사람이 병들었을 때는
그 사람의 선량한 부분까지도 병드는 법이다.

○ 프리드리히 니체(Friedrich Nietzsche, 독일의 철학자)

건강할 때 건강함을 지키는 데는
의외로 대단한 결단이 필요하다.

○ 제러미 벤담(Jeremy Bentham, 영국의 철학자)

사람들은 병 때문이 아니라 치료 때문에 죽는다.

○ 몰리에르(Jean Baptiste Poquelin Moliere, 프랑스의 극작가)

사랑하는 사람보다 먼저 떠나기 vs 나중에 떠나기

지금 당신에게 가장 소중한 사람을 떠올려보라. 만약 죽음의 시기를 선택할 수 있다면 당신은 그보다하루라도 먼저 죽음을 맞이하고 싶은가, 그가 죽은후에 죽음을 맞이하고 싶은가? 그렇게 하고 싶은 이유는 무엇인가? (단, 동시에 떠날 수는 없다고 하자.)

죽음을 앞두고
첫사랑을 만날 것인가?

당신의 외모는 지금 생애 최고로 볼품없다. 오랜 투병 생활로 머리카락은 다 빠지고 두 뺨과 눈두덩이는 움푹 파였으며 입술은 트고 힘없이 벌어져 있다. 그런데 이런 당신을 꼭 한번 보고 싶어 하는 사람이 있다.

그는 당신의 첫 연인이다. 당신이 곧 세상을 떠날지도 모른다는 소식을 듣고 그가 메시지를 보내왔다. 당신이 죽기 전에 보고 싶다는 그의 말에 어떻게 답장하겠는가? 만약 만남을 거절한다면 그 이유는 생기를 잃은 겉모습 때문인가, 삶의 의지를 잃은 내면 때문인가? 당신이 그에게 정말로 보여주고 싶지 않은 모습은 둘 중 무엇인가?

투병 생활 중에
무엇을 할 수 있을까?

오랜 투병 생활 중인 당신. 첫해에는 연락이 닿지 않던 친구들까지 위로와 격려 전화를 하고 문병을 오기도 했지만 몇 년이 지난 지금, 당신을 궁금해하는 사람은 아무도 없다. 가족들만 의무적으로 돌아가며 면회를 올 뿐이다.

같은 장소에서 멈추어버린 삶을 사는 기나긴 투병 생활이 당신의 의지와 상관없이 사람들과 멀어지게 했다. 당신은 그들과의 관계 회복을 위해 무엇을 할 수 있는가? 당신은 그들에게 '죽을 날을 기다리고 있는 사람' 외에 어떤 모습을 보여줄 수 있는가?

당신을 나타내는
취미는 무엇인가?

당신의 하루는 병원에서 시작된다. 당신은 침대에서 몸을 일으킬 때 누군가의 도움 없이는 일어날 수 없다. 원하는 시간에 자거나 일어날 수 없고, 샤워 후 서둘러 옷을 입어야 하고, 단체로 같은 시간에 밥을 먹는다. 병실을 함께 쓰는 사람을 선택할 수 없으며, 당신에게 입혀진 환자복과 봉사자가 잘라준 머리 스타일은 당신의 취향을 반영하지 못한다.

병의 고통만큼 괴로운 것은 취향과 자율성을 갖지 못하는 상황이다. 침대 위에 멍하니 누워 있는 것만이 홀로 할 수 있는 유일한 일이 되었을 때, 당신은 무엇으로 정체성을 유지하겠는가? 자신과 나누는 대화나 끊임없는 사색만이 유일한 취미가 되었을 때, 당신은 그 시간을 충분히 즐길 자신이 있는가?

당신의 방에 걸고 싶은
마지막 그림은 무엇인가?

당신은 나고 자란 고향에서 노후를 맞이하게 되었다. 당신이 다녔던 초등학교는 70년 후 요양병원으로 바뀌어 당신은 거기 입원한다. 아이들보다 노인이 더 많은 세상에서 학생을 채울 수 없는 교실은 모두 요양병원으로 탈바꿈했다. 병동이 된 교실에는 수많은 노인이 당신처럼 누워 있다.

　　당신은 초등학교 미술시간에 그림을 그리던 기억을 떠올린다. 이제 죽음을 기다리는 노인들의 미술시간이다. 당신의 방에 단 하나의 그림을 그려서 걸 수 있다면 어떤 그림을 그리고 싶은가? 그림의 소재와 주제는 무엇이고 어떤 색감이 주를 이루는가? 이 그림을 보면서 마지막을 맞이하고 싶은 이유는 무엇인가?

삶의 마지막까지
머뭇거리지 않고 살겠는가?

당신은 평생 타인에겐 무심했지만 가족에겐 지극한 사람이었다. 그럼에도 당신을 지금 일으키고, 씻기고, 머리를 빗기고, 밥을 먹이고 화장실에 데려가는 사람은 당신의 가족이 아니다.

당신은 호스피스 병동 도우미에게 스스럼없이 자신을 맡기고, 죽음에 대한 감정을 솔직히 털어놓아야 한다. 과거의 당신을 모르는, 현재의 당신만 아는 이 사람은 마치 여행지에서 만난 낯선 사람처럼 당신을 편안하게 해주는 구석이 있다. 임종을 준비하러 들어간 호스피스 병동, 그곳에서도 삶은 계속되고 관계는 계속되는 것이다. 당신은 죽는 날까지 망설이지 않고 새로운 관계를 만들 준비가 되어 있는가?

당신이 희망하는
사인은 무엇인가?

많은 임종 현장을 경험한 의사들에게 사인(死因)을 선택할 수 있다면 어떻게 죽고 싶냐고 물었다. 그들의 상당수가 암으로 죽고 싶다고 답했다. 암은 죽는 시기를 가늠할 수 있어 미리 준비할 수 있고, 신체활동 수준이 말기까지 그럭저럭 유지되며, 마지막까지 의식이 또렷하고 혼수상태에 빠지면 단시간에 죽음에 이르기 때문이다. 만약 당신이 사인을 선택할 수 있다면, 당신의 사망진단서에 어떤 사인이 기록되길 희망하는가?

당신이 피하고 싶은
죽음은 무엇인가?

죽음 직전까지 일상의 소소한 기쁨을 느끼며 평범한 삶을 살다 갑자기 훅 떠나는 사고사. 죽음을 준비할 시간이 충분히 주어지는 만큼 이전과는 다른 방식으로 남은 생을 보내다 떠나는 질병사. 둘 중 당신이 더 피하고 싶은 죽음의 방식은 무엇인가?

전자의 경우 남겨진 가족들은 한동안 충격에 휩싸일 것이고, 후자의 경우 투병 기간이 길어질수록 가족들은 간병에 지쳐갈 것이다. 죽음을 준비하는 기간을 선택할 수 있다면, 투병 기간을 포함해 얼마만큼의 시간이 적당할까?

조력 자살은
존엄한 죽음일까?

죽음을 앞둔 이들이 스스로 죽음의 시기를 결정하기 위해 스위스를 찾아간다. 2,000만 원 상당의 비용을 지불하면 존엄사를 선택할 수 있기 때문이다.

스위스에서는 대부분의 나라에서 법적으로 금지하고 있는 조력 자살을 자국인뿐 아니라 외국인에게도 허용한다. 당신은 조력 자살이 법으로 허용되어도 된다고 생각하는가, 아니면 국가는 죽음에 대한 개인의 권리를 규제할 수 있다고 생각하는가? 존엄한 죽음을 선택하려는 당신에게 2,000만 원이 주어진다면 어떤 선택을 할 것인가?

시한부 인생이 된
당신의 버킷리스트는?

대개 언제 죽을지 알고 있는 사람에게만 시한부 인생이라고 말한다. 그러나 사실 우리는 모두 언제 죽을지 모르는 시한부의 삶을 살고 있다.

죽음까지 얼마 남지 않았다는 것을 아는 순간, 그 어느 때보다 삶에 대한 욕망이 불끈 솟아난다. 마치 마감이 임박해 최고의 집중력을 발휘하는 사람처럼 말이다. 바쁘다는 핑계로 미루어놓았던 여행길에 오르거나, 한 번도 해보지 못했던 말을 용기 내서 하거나, 평생 꿈만 꾸던 일에 도전하기도 한다.

당신은 죽음을 선고받은 그 순간부터 마지막 순간까지 무엇을 가장 하고 싶은가? 세 가지를 떠올리고, 써보라. 또 가장 하고 싶지 않은 것은 무엇인가? 세 가지를 써보라.

죽음을 받아들일
준비가 되어 있는가?

자신이 곧 죽는다는 것을 알게 되었을 때 가장 먼저 사람들은 '나에게 이런 일이 생길 리가 없다'라며 강하게 부정한다. 그 후 곧 '왜 하필 나일까?' 하는 분노에 휩싸이고, 어떻게든 죽음을 늦추거나 피할 수 있는 방법을 찾기 시작한다. 그러다가 이 모든 것이 부질없다는 사실을 깨달은 후에는 그 순간부터는 심한 우울감에 빠져든다. 마침내 '나라고 별수 있나?'라는 생각에 도착하면 비로소 죽음을 인정하게 된다.

엘리자베스 퀴블러 로스가 말한 죽음의 5단계 이론에 따르면 죽음을 선고받은 이들은 공통적으로 '부정-분노-협상-우울-수용'의 단계를 경험한다.

당신이 부정에서 수용까지의 시간을 줄일 수 있다면 그만큼 생전에 의미 있는 시간을 보낼 수 있을 것이다. 당신은 죽음을 맞닥뜨렸을 때, 왜 하필 나인

지 원망하지 않고 나에게도 충분히 일어날 수 있는
일이라고 순순히 받아들일 준비가 되어 있는가?

죽기 전까지
지키고 싶은 비밀은 무엇인가?

당신에게는 죽을 때까지 지키고 싶은 비밀이 있는가? 그 비밀 때문에 평생 누군가를 속이는 거짓말을 한 적이 있는가? 비밀과 거짓말이 소중한 사람들의 삶에 큰 영향을 미쳤다면 죽기 전에 반드시 진실을 말해야 한다고 생각하는가, 혹은 진실은 묻어둔 채 떠나야 한다고 생각하는가? 만약 당신이 살아 있는 동안 진실을 말한다면 당신의 삶은 얼마나 달라질 것 같은가?

불편한 육체로
살아갈 자신이 있는가?

순식간에 일어난 사고였다. 누구나 겪을 수 있는 교통사고가 당신에게도 일어났다. 그 자리에 쓰러졌고 의식은 몸을 빠져나갔다. 다리가 골절되고 피투성이가 된 몸을 내려다본다. 의식은 빠른 속도로 나선형의 터널을 통과한다. 터널 끝에는 세상을 먼저 떠난 어머니가 마중 나와 있다. 그녀 뒤로 태어나서 처음 보는 황홀한 풍경과 따뜻한 빛이 쏟아진다. 어머니가 손을 내민다. '이제 고생 그만하고 이리 오렴'이라고 말하는 듯하다. 당신은 죽어본 적이 없지만 느낌으로 알 수 있다. 이 손을 잡으면 정말 죽게 된다는 것을.

　그 순간 들려오는 소리. "정신 좀 차려보세요!" 누군가 뺨을 강하게 친다. 의식의 터널 아래로 당신을 살리려고 고군분투하는 구급대원들이 희미하게 보인다. 당신은 산다고 해도 평생 휠체어에 앉아 이전과는 전혀 다른 삶을 살 것이다. 그러나 살 수 있다. 당신은 어머니의 손을 잡겠는가, 잡지 않겠는가?

주검을 직접
본 적 있는가?

당신은 동물의 사체나 사람의 시신을 직접 본 적이 있는가? 그때 무슨 생각을 했는가? 안타깝지만 끔찍하니까 누군가 얼른 처리해주길 바라며 지나쳤는가, 이런 불길한 광경을 마주했으니 오늘 하루는 조심해야겠다고 생각했는가? 혹은 어떤 생각도 들지 않을 정도로 충격적이어서 일주일 내내 잔상이 머릿속에서 사라지지 않았는가? 만약 당신의 주검을 본 사람들이 당신과 같은 감정을 느낀다면 어떨 것 같은가?

간병인의
가장 이상적인 조건은?

가족은 모두 세상을 떠났고 당신은 이제부터 24시간 당신을 돌봐줄 간병인을 고용해야 한다. 간병인을 고용할 돈은 충분하다. 간병인은 당신의 기저귀를 갈고 제때 식사를 제공하고 하루에 한 번 당신의 손을 잡고 산책을 나갈 것이다.

당신은 그가 어떤 사람이었으면 좋겠는가? 당신이 쓸모없는 사람이라고 느껴지지 않도록 계속해서 살아갈 용기를 주는 사람, 매일 반복되는 하루를 조금씩 다르게 보낼 수 있는 재치와 유머 감각을 지닌 사람, 정확한 판단력과 세심함으로 당신의 몸을 편안히 돌봐줄 사람. 당신은 간병인 중개소에 전화를 걸어 어떤 조건을 최우선으로 제시하겠는가?

죽음을 맞이하기에
가장 편안한 장소는 어디인가?

아무리 먼 곳에 살더라도 죽을 때만큼은 고향으로 돌아와 익숙한 공기와 사람들에게 둘러싸여 편안히 죽음을 맞이하고 싶은가, 아니면 당신을 아는 사람이 단 한 명도 없는 낯선 곳으로 훌쩍 떠나 아무도 모르게 조용히 죽음을 맞이하고 싶은가? 당신이 책임져야 할 가족이나 일이 없다고 해도 그 대답에는 변함이 없는가?

당신은 죽음의 과정을
기록하고 싶은가?

대수롭지 않게 여기던 손목저림 증상 때문에 병원을 찾은 당신은 뜻밖의 불치병 진단을 받는다. 세상에 이런 병이 있는지도 몰랐던 당신은 환자가 되고서야 그 병의 실체를 알게 되었다.

당신은 남은 생애 동안 사람들에게 이 희귀병을 최대한 알리는 것을 새로운 삶의 목표로 정했다. 하루하루 달라지는 병세를 투병 일지로 꼼꼼히 기록하고 브이로그 영상을 만들어 업데이트한 지 6개월째. 구독자가 하나둘 늘어났고 그들의 응원 한마디 한마디가 큰 힘이 된다.

하지만 당신이 글을 쓰고 촬영하고 편집하는 그 시간은 가족과 보낼 수 있는 소중한 시간과 맞바꾼 것이기도 하다. 병세는 점점 악화되어 이제 당신에게는 시간이 얼마 남지 않았다. 당신은 가족들과 시

간을 보내는 데 집중하겠는가, 죽는 순간까지 불특
정 다수에게 영향을 주는 기록을 멈추지 않겠는가?

당신이 마지막으로
머무르고 싶은 숙소는?

당신은 여생을 둘 중 하나의 시설에서 보낼 수 있다.

첫 번째는 독립성과 사생활을 완벽히 보장하는 최첨단 설비를 갖춘 곳이다. 낯선 사람과 한방을 쓰거나 단체 생활을 할 일은 없다. 24시간 상주하는 인공지능 로봇이 생리현상을 스스로 해결하도록 도와주기에 간병인의 도움을 받는 과정에서 느끼는 수치심도 없다. 당신의 취향으로 꾸며진 방 안에서 언제든지 시스템에 접속해 전 세계 사람들과 만나 게임이나 운동을 가상으로 즐길 수 있다. 하지만 실제로 사람을 만날 일은 거의 없다.

두 번째는 당신이 흔히 떠올리는 일반적인 요양병원이다. 조금 다른 점은 병실에서 동물을 키울 수 있는 것이다. 아침마다 새소리에 눈을 뜰 것이고, 시설 곳곳에는 초록의 식물이 자란다. 공동으로 키우는 반려견을 산책시킬 수도 있다. 많은 사람이 오가며 당신에게 말을 걸 것이고, 그들의 도움을 받아야만 생활할 수 있기에 독립성과 사생활은 보장되지 않는다.

당신은 둘 중 어떤 곳에서 삶의 마지막을 맞이하고 싶은가?

당신의 흔적은
당신을 어떤 사람이라고 말하는가?

당신이 지금 이 책을 보다 갑작스레 심장마비로 죽게 된다면, 당신에게 가장 먼저 달려올 사람은 누구인가? 그가 당신의 마지막 현장을 둘러본다면 어떤 생각을 할 것 같은가? 당신이 마지막으로 보던 책, 직전까지 사용하던 물건, 벗어놓은 옷가지와 냉장고 안 음식들, 벽에 걸린 사진들, 미처 비우지 못한 쓰레기통 안의 흔적들. 당신을 둘러싸고 있는 것들은 당신이 어떤 사람이라고 말해주고 있는가?

죽음에 대해 아는 것과 모르는 것, 무엇이 더 두려운가?

당신은 어디에서 왔는지 모른다. 어디로 가는지도 모른다. 단 하나 확실한 것은 당신이 언젠가 죽는다는 사실뿐이다. 그러나 당신은 죽음에 대해 무지하다. 가장 분명한 진실을 모른다는 것만큼 두려운 것은 없다.

여기 당신 앞에 영롱한 빛을 내는 구슬이 하나 있다. 이 구슬에 당신의 얼굴이 비치는 순간, 앞으로 당신이 언제 어떻게 죽을지 생생히 볼 수 있다. 당신은 이 구슬에 얼굴을 비추어보겠는가? 당신의 죽음에 대해 알고 살아가는 것과 아무것도 모른 채 살아가는 것, 당신은 어떤 삶이 더 두려운가?

알리는 마음 vs
알리지 않는 마음

당신은 오늘 3년 내로 죽는다는 시한부 삶을 선고받았다. 집으로 돌아온 당신에게는 죽음 직전까지 채워야 할 삶이 아직 남아 있다. 이제 남은 삶을 어떻게 살아갈지 결정해야 한다.

가능한 한 빨리 주변 모두에게 당신의 상태를 알리고 도움을 받으며 바뀐 일상에 적응하겠는가? 아니면 되도록 많은 이들에게 알리지 않고 이전과 다를 바 없는 일상을 하루라도 더 유지하고 싶은가?

죽기 전에
꼭 듣고 싶은 말은 무엇인가?

수많은 문이 보이고, 그중 하나의 문을 열고 들어가면 당신이 누워 있다. 당신은 사랑하는 사람들 곁에서 임종을 맞이하고 있다. 창밖의 풍경은 일상적이어서 더 특별하다. 산소호흡기를 떼고 다시는 마시지 못할 공기를 조심스레 마신다. 그때 감기는 눈꺼풀 사이로 누군가 당신 곁으로 다가오는 모습이 보인다. 바짝 다가온 그가 이렇게 속삭이고 당신은 편안하게 눈을 감는다.

생의 마지막 순간, 당신이 가장 듣고 싶은 말은 무엇인가?

당신이 꿈꾸는
마지막 모험은 무엇인가?

누구나 사는 동안에는 생명의 안전을 추구한다. 하지만 죽음 앞에서는 불가능에 도전해볼 수 있지 않을까? 죽음을 앞둔 당신에게 색다른 모험을 해볼 기회가 주어진다면 어디로 떠나겠는가?

지구의 태초 모습을 볼 수 있는 남태평양의 화산섬에서 캠핑을 하다가 때가 되면 화산 속으로 들어가 임종을 맞는 화산장 모험, 사하라 사막 한가운데서 아무것도 먹지 않고 그 자리에서 꼼짝하지 않은 채 수행하듯 몸을 말려 생을 마감하는 사막장 모험, 스노모빌을 타고 일주일간 북극을 일주하다 오로라가 펼쳐지는 하늘 아래 멸종 위기에 처한 북극곰의 먹이가 되어 삶을 마감하는 동물장 모험. 이 중 당신이 꿈꾸는 마지막 모험은 무엇인가?

모든 것을 용서할 것인가, 용서하지 않을 것인가?

당신이 살아온 날들을 돌이켜보라. 세월이 약이 되지 않았던 사건이나 끝내 용서가 되지 않은 사람이 떠오르는가? 사람은 죽기 전에 모든 것을 용서하고 떠나야 마음이 편하다고 말한다. 그런데 당신의 마음 한편에는 쉽게 지워지거나 용서되지 않는 것이 응어리져 있다. 당신은 어떻게든 모든 것을 용서하고 아름다운 기억만 간직한 채 세상을 떠나고 싶은가, 끝내 용서하지 못하는 마음을 인정하고 떠나겠는가? 둘 중 어떤 마음이 당신의 마지막을 더 편안하게 할까?

잘 보낸 하루가 편안한 잠을 주듯이
잘 쓰인 일생은 평안한 죽음을 준다.

〰〰〰〰〰〰〰〰〰〰〰〰〰

레오나르도 다빈치(Leonardo da Vinci, 이탈리아의 미술가)

호랑이는 죽어서 가죽을 남기고
사람은 죽어서 이름을 남긴다.
당신이 남기고 싶은 것은 무엇인가?
명예, 재산, 권력, 후손, 연구 등
당신이 남기게 될 유산에 대해 생각해보자.

이번 생에서 남길 수 있는 유산은
무엇이 있을지 떠올려보고
당신의 생을 한마디로 표현하면 무엇일지
남기고 싶은 묘비명도 생각해보자.

4장

무엇을 남기겠습니까?

keyword

#유품 #유언장 #유언의 형식 #묘비명 #마지막 소지품

#관계 정리 #사후 편지 #영생의 방식

#죽기 전에 해야 할 정리 #지구의 희생

#로드킬 #남기고 싶은 레시피

수의에는 호주머니가 달려 있지 않다.
ㅇ 유대 격언

구두쇠라도 일생에 한 번은 양보하는 순간이 있다.
바로 유언을 쓸 때다.
ㅇ 모랑(Paul Morand, 프랑스의 소설가)

인생은 당대에 꺼져가는 촛불이 아니라
후세에 물려줄 타오르는 횃불이다.
ㅇ 조지 버나드 쇼(George Bernard Shaw, 영국의 극작가)

빛을 퍼뜨리는 방법은 두 가지다.
촛불을 켜거나 그것을 비추는 거울이 되는 것이다.
ㅇ 이디스 워튼(Edith Wharton, 미국의 소설가)

당신은 방금 매장되었다. 관 속의 당신은 가장 좋아하는 옷을 입고 아름다운 꽃들에 덮여 누워 있다. 손에는 생전에 당신이 가장 아끼던 물건이 들려 있다. 당신이 죽어서도 지니고 싶은 이 물건은 무엇인가?

남기고 싶은 유품은
무엇인가?

죽음이 임박했을 때 물건을 정리하느라 허둥지둥하지 않기 위해서는 평소에 정리해두는 것이 필요하다. 유품정리사는 45세 이후부터는 물건을 꼭 정리해놓으라고 귀띔한다.

당신은 어떤 것을 남기고 어떤 것을 버리겠는가? 당신이 죽기 전에 누군가에게 꼭 물려주고 싶은 것이 있다면 그것은 무엇인가? 값비싼 귀중품인가, 당신만이 알고 있는 삶의 기술인가? 고급 정보나 희소한 자료가 담긴 파일이나 문서인가, 당신과 그들의 특별한 추억이 담긴 물건인가?

당신에게도 누군가
남기고 간 유품이 있는가?

할머니가 떠준 목도리, 엄마가 남긴 아기 수첩, 아버지에게 받은 손편지, 마지막 여행에서 같이 찍은 가족사진. 당신의 소중한 물건 중에는 세상을 먼저 떠난 이가 남긴 것이 있는가? 그것을 얼마나 자주 펼쳐 보고 고인을 떠올리는가? 당신이 자주 보는 고인의 물건은 무엇이고, 그것이 각별한 의미를 지니는 이유는 무엇이라고 생각하는가?

당신의 묘비에
어떤 말을 새기고 싶은가?

"모든 것을 가지려 했지만 아무것도 갖지 못했다."

"일어나지 못해서 미안하네."

"마흔 살이 되어도 인간이 싫어지지 않는 사람은 인간을 사랑한 일이 없는 사람이다."

"살았다, 썼다, 사랑했다."

　　모두 누군가의 묘비에 새겨진 말들이다. 우리는 묘비명으로 그들의 삶을 함축적으로 엿볼 수 있다. 당신은 묘비에 어떤 말을 새기고 싶은가?

당신이 살다간 시대가
어떻게 기억되길 바라는가?

당신은 한 나라의 최고 통치자였다. 죽은 후 육신은 미라로 만들어질 것이며, 자손과 국민들은 당신의 무덤을 크고 호화롭게 장식할 것이다. 무덤 내부에는 당신이 통솔했던 나라와 시대를 상징하는 벽화가 그려진다. 훗날 오랜 세월이 흐른 후에 벽화를 발견한 인류가 당신이 살던 시대를 가늠할 수 있도록 말이다. 당신은 어떤 내용으로 현재의 시대상이 그려지길 바라는가?

당신은 어떤 방식으로
영생하고 싶은가?

가능한 한 오래 살고 싶은 마음속에는 영생의 욕구가 숨어 있다. 그러나 영생은 불가능하기에 사람들은 무의식적으로 다른 방법을 찾아 몰두한다. 업적을 달성해 이름을 남기거나 자식을 낳아 기르는 것. 이 두 가지가 인류가 택해온 가장 전통적인 영생의 차선책이다. 당신은 육신이 사라져도 이름이나 핏줄을 남겨 현세에 영향을 미치며 영원히 머물길 바라는가?

불멸의 삶은
행복할까?

당신은 당대 가장 현명한 사람이었다. 유명 예술가와 정치인은 당신과 친구가 되길 원했다. 당신의 육체와 정신은 결코 늙는 법이 없었다. 당신은 천년을 거듭해 쌓은 지식과 지혜를 인류에게 전했다. 수많은 성인 가운데 유독 당신의 말과 글이 후대에 잘 전해진 까닭은 당신이 시대를 거듭하며 기록 장치를 최신으로 바꾸었기 때문이다.

2000년이 흘렀다. 당신은 인류의 가장 큰 업적이다. 사람들은 당신의 말에 의지해 삶의 의미를 찾는다. 한편 다른 해석으로 반목의 도구로 쓰기도 한다. 당신의 불멸은 더 많은 인류를 살리는 것일까, 더 많은 인류의 목숨을 앗아가는 것일까? 의도와 상관없이 펼쳐지는 세상을 계속 지켜봐야 하는 이 불멸의 삶이 당신은 즐거운가, 고통스러운가?

당신은 죽음 앞에서
진실을 말하겠는가?

불편한 진실을 말할 수 있는 용기는 죽음을 앞둔 자의 특권이다. 죽음을 앞둔 아버지에게 사실은 당신의 생부가 아니라는 말을 들을 수도 있고, 죽음을 앞둔 친구에게 사실은 당신을 평생 질투하고 미워했다는 말을 들을 수도 있다.

이제 당신의 차례다. 죽음을 앞둔 당신은 삶에서 중요했던 몇몇 사람을 만날 것이다. 인생에서 가장 솔직해질 수 있는 시간, 당신은 누구에게 어떤 진실을 털어놓겠는가? 당신은 솔직해져야 행복한 사람인가, 솔직해질수록 불행한 사람인가?

죽음을 앞두고
시급히 정리해야 할 것은 무엇인가?

평소 정리 정돈과 거리가 먼 삶을 살아온 당신에게 죽음의 순간이 코앞까지 다가왔다. 당장 무엇부터 정리해야 할지 엄두가 안 나는 당신 앞에 기적처럼 나타난 요술램프. 당신이 필요한 것을 말하면 정리의 신이 나타나 돕는다.

옷장과 책장 정리, 창고 정리, 밀린 여행 사진 정리, 컴퓨터 파일 정리, 금융기관 거래 아이디와 비밀번호 목록 정리, 소유한 부동산 문서 정리, 전화번호부 속 인간관계 정리…. 죽음을 앞둔 당신에게 가장 시급한 것은 무엇인가? 당신은 램프의 신에게 무엇을 도와달라고 하겠는가?

지구 환경 보호에
유산을 기부한다면?

당신은 죽기 전 뜻 있는 곳에 유산을 쓰고자 하는 사람들을 모집해 기금을 조성했다. 이 기금은 당신이 평생 살면서 오염시킨 지구 환경을 조금이라도 복구하는 데 쓰일 것이다. 만약 다음 중 한 가지를 위해서만 쓸 수 있다면 어디에 이 기금을 쓰겠는가? 당신은 무엇을 선택하겠는가?

1. 불타버린 아마존 숲을 원래대로 되돌리는 것
2. 지난 20년간 녹은 빙하를 원상 복귀시키는 것
3. 인간이 우주로 쏘아 올려 우주쓰레기 신세가 된 인공위성을 모두 거두어들이는 것

가장 가치 있는
인류의 유산은 무엇일까?

한날한시에 인류가 지구에서 멸종된다면 일주일 내로 모든 음식이 부패할 것이다. 집 안에 갇힌 반려동물은 굶어 죽고, 탈출한 반려동물은 야생동물의 먹잇감이 될 것이다. 집이나 마트에 남은 식료품은 1년 내로 바퀴벌레가 해치울 것이다. 500년도 채 되지 않아 철근이 산화되어 콘크리트로 공들여 만든 어떤 구조물도 남아 있지 않을 것이다.

　반면 지구는 지난 200년간 고도화된 산업 사회가 망가뜨린 환경을 거뜬히 회복해낼 것이다. 실제로 2020년, 바이러스의 출현으로 하늘길이 막히자 대기질은 놀랍도록 회복되었고, 차와 인간의 이동이 제한되자 도시의 야생동물 번식력이 높아졌다.

　그렇다면 지금의 인류가 다음 세대에게 물려줄 수 있는 가장 가치 있는 유산은 무엇이라고 생각

하는가? 당신이 하고 있는 일과 그것은 어떤 관련이
있는가?

유언장을
인제 봉인하겠는가?

당신은 생애 처음으로 유언장을 완성했다. 매년 1월
1일에 이 유언장을 업데이트할 수도 있고, 봉인해 당
신의 죽음 전까지 누구도 보거나 수정하지 못하게
할 수도 있다. 전자를 선택하면 그때그때 바뀌는 당
신의 현실을 유언장에 반영할 수 있을 것이다. 후자
를 선택하면 유언장을 쓸 때의 그 마음가짐 그대로
여생을 보내기 위해 최선을 다할 것이다. 둘 중 어느
편이 당신의 삶에 도움이 될까?

어떤 방식으로
유언을 남기겠는가?

대한민국 민법 제1065조에 따르면 유언의 방식은 자
필증서, 녹음, 공정 증서, 비밀 증서, 구술 증서 이렇
게 다섯 가지 방식이 있다. 서면으로 할 경우에는 이
름과 서명, 작성 날짜와 주소까지 꼭 자필로 기재해
야 한다. 녹음하거나 영상을 촬영해 당신의 소셜 미
디어에 올리거나 공유하는 것도 방법이다. 공정 증
서는 유언자와 증인 두 명이 직접 공증사무실에 찾
아가야 하는 번거로움이 있지만 유언 방식 중 가장
확실하게 그 효력을 인정받을 수 있다. 당신은 이 중
어떤 방식으로 유언장을 작성하겠는가?

유언장에 꼭 쓰고 싶은
내용은 무엇인가?

제대로 된 유언 하나 없이 죽는다면, 당신은 남은 가족에게 혼란과 고통을 주게 될 것이다. 그러지 않기 위해서 생전에 유언장을 작성하는 것이 중요하다.

당신은 검안, 장례, 시신 처리에 대해 가족과 의논할 수 있다. 장례식에 와주었으면 하는 사람들의 명단, 원하는 영정 사진, 장례 업체 선정이나 상속할 유품이나 유산 등에 대해서도 유언장에 쓸 수 있다. 이 중에서 최대한 상세히 언급해 당신이 적극적으로 관여하고 싶은 부분은 무엇인가? 반대로 남겨진 이들이 알아서 처리하도록 비워두고 싶은 부분은 무엇인가?

당신이 죽은 후에
편지를 보낼 수 있다면?

당신은 지금 편지를 쓰고 있다. 이 편지는 당신이 죽은 후 몇몇 사람에게 보내질 것이다. 죽음의 여운이 채 가시지도 않은 어느 깊은 밤에 도착해 누군가의 가슴에 사무칠 수도 있고, 당신 없는 삶에 차츰 적응해가고 있을 무렵에 선물처럼 도착해 누군가를 미소 짓게 할 수도 있다.

당신의 죽음 한 달 후, 1년 후, 10년 후를 상상해보라. 당신이 없는 하루를 꿋꿋이 살아가고 있을 누군가, 당신이 없는 삶에 영영 적응하지 못하고 살아갈 누군가를 떠올려보라. 당신은 이제 그들에게 생전에 미처 전하지 못한 고마움이나 그리움을 담아 편지를 쓸 것이다. 이 편지가 누구에게 언제쯤 도착했으면 좋겠는가?

당신이 만드는 쓰레기보다
가치 있는 삶을 살고 있는가?

평균 수명을 80년이라고 가정하면 평생 한 사람이 만드는 쓰레기는 약 60톤. 이 중 약 10퍼센트는 먹어서 생기는 쓰레기다. 당신이 평생 배출하는 대변의 양은 4.4톤이며, 이것을 처리하기 위해서는 2,190톤의 하수가 필요하다. 당신이 평생 소비하는 종이를 만들려면 나무 200그루를 심어야 하고, 당신이 쓴 플라스틱은 당신이 죽은 후에도 오랫동안 분해되지 않고 지구 어딘가에 남아 있을 것이다. 당신의 삶은 이만큼의 쓰레기를 남길 만큼 가치 있는가?

인공지능에
어떤 가치관을 심어주겠는가?

매년 길 위에서 사고로 죽음을 맞이하는 동물이 늘고 있다. 야생동물의 이런 비극이 생긴 이유는 원래 이들이 다니던 동선에 인간이 제멋대로 길을 내고 차를 다니게 했기 때문이다. 이들의 사체는 발견 즉시 쓰레기봉투에 담겨 생활폐기물로 버려진다.

당신은 자율주행 자동차의 시스템을 만드는 엔지니어다. 경쟁사에서는 긴급 주행모드로 주행 시 단시간에 목적지까지 도달한다고 광고한다. 이때 빠른 주행 속도를 위해 야생동물과의 충돌 상황은 차가 멈추거나 운전자가 내려야 할 상황에서 배제된다. 당신 역시 로드킬이 빈번한 도로를 긴급 주행모드에 포함해 시스템을 만들겠는가? 당신은 인공지능 차에 어떤 가치관을 심어주겠는가?

당신의 기억은
어떤 기준으로 편집되고 기록되는가?

알츠하이머병 초기 진단을 받은 당신. 서서히 기억을 잃어가고 있지만, 다행히 당신의 시대에는 비교적 의식이 또렷할 때 모든 기억을 컴퓨터 서버에 옮길 수 있다.

당신은 의식 원본을 통째로 옮길 수도 있고, 원치 않는 기억을 삭제한 후 편집본을 옮길 수도 있다. 당신은 그대로 옮기고 싶은가, 편집해 옮기고 싶은가? 만약 편집한다면 어떤 기억을 삭제하고 싶은가? 당신은 어느 날 기억을 통째로 잃어버린다고 해도 삶의 자취를 알아볼 수 있는 기록을 어딘가에 하고 있는가? 그 기록은 어떤 기준으로 편집되고 있는가?

사랑하는 사람에게
남기고 싶은 레시피는 무엇인가?

할머니가 만들어준 김치, 엄마의 된장찌개, 아빠가 만들어주던 볶음밥. 당신이 좋아하는 음식 중에는 사랑하는 이가 해주는 음식이 있을 것이다. 하지만 그들이 세상을 떠나면 당신은 세상 어디에서도 같은 맛을 느낄 수 없다. 당신은 지금 어떤 요리가 가장 그리운가? 만약 당신이 세상을 떠나게 된다면 누가 가장 아쉬워하며 당신의 손맛을 그리워할 것 같은 가? 당신은 그를 위해 어떤 레시피를 남겨주겠는가?

각자가 최대한 다양하게 자신의 삶을 도모하는 것,

그 이상으로 중요한 것은 없다.

존 스튜어트 밀(John Stuart Mill, 영국의 철학자)

옆에 있던 누군가가 떠나갔을 때
사람들은 각자의 방식으로 그를 기억하고 애도한다.
당신은 사람들이 당신을 어떻게 기억해주길 바라는가?
이 장에서는 죽음 뒤 따라오는
추모에 관한 질문을 담았다.

5장

잘 기억하고 잘 기억되기

keyword

#추모의 취향 #추억의 양 #작은 죽음들

#마지막까지 기억해줄 사람 #살기 좋은 계절

#죽기 좋은 계절 #목숨값 #누군가의 기일

#당신의 빈자리 #내 삶의 장르 #애도의 방식

#인류가 멸종한다면 #지구가 하는 말

#가장 멋진 죽음 #환생

추억이란 인간의 진정한 재산이다.
기억 속에서 인간은 가장 부유하면서도 또 가장 빈곤하다.
○ 알렉산더 스미스(Howard Alexander Smith, 미국의 정치인)

죽음은 늙어서 갚아야 할 오랜 빚과 같다.
○ 알베르트 아인슈타인(Albert Einstein, 물리학자)

죽음을 찾지 말라.
죽음이 당신을 찾을 것이다.
다만 죽음을 완성으로 만드는 길을 찾아라.
○ 다그 함마르셸드(Dag Hammarskjöld, 스웨덴의 경제학자)

태어날 때 나는 울었지만 사람들은 웃었다.
이제 내가 죽을 때 사람들은 울지만 나는 웃는다.
○ 인디언 격언

우리는 어떤 날이 아니라 어떤 순간을 기억한다.
○ 체사레 파베세(Cesare Pavese, 이탈리아의 소설가)

당신은 어떤 방식으로
추억되고 싶은가?

누군가 문을 열고 들어온다. 당신의 주검 처리를 도와줄 상조회사 직원이다. 그는 시신 처리 방법 세 가지를 제안한다.

첫 번째는 시신을 재로 만든 후 다이아몬드로 가공하는 것. 가족들은 원하는 형태의 장신구를 만들어 늘 몸에 지닐 수 있다. 두 번째는 유골 가루를 넣은 레코드판을 만드는 것. 이 안에는 생전에 당신이 즐겨 듣던 음악과 유언이 함께 담긴다. 친구들은 당신이 그리울 때마다 이 앨범을 재생할 것이다. 마지막은 유골 가루를 폭죽에 담는 것. 밤하늘에 불꽃이 되어 사라지는 당신을 많은 이들이 함께 보며 아름답게 추억할 것이다. 당신은 이 중 어떤 방식으로 추억되길 바라는가?

당신은 어떤 냄새로
기억되고 싶은가?

후각은 기억을 소환하는 데 가장 큰 역할을 하는 인간의 감각이다. 당신은 어떤 냄새를 맡았을 때 누군가를 떠올린 적이 있는가?

따스한 봄날 바람에 실려 온 꽃내음, 엄마가 있는 부엌에서 퍼지는 갓 지은 밥 냄새, 어느 밤 그리운 누군가를 떠올리며 껴안은 베개 냄새, 해질녘 시골길을 채우는 마른 장작 내음. 당신은 어떤 냄새를 맡았을 때 어느 한 시절을, 누군가와 함께했던 기억을 통째로 떠올릴 것이다. 만약 당신이 하나의 냄새로 기억될 수 있다면 당신이 떠난 후 사람들이 어떤 상황에서 어떤 냄새로 당신을 떠올려주길 바라는가? 당신은 왜 이 냄새로 기억되고 싶은가?

사랑하는 사람들과
충분히 추억을 쌓고 있는가?

햇살이 따뜻하게 들어오는 오후의 한 카페. 창 너머로 아이들이 공을 차며 뛰노는 소리가 희미하게 들린다.

지금 당신 앞에는 한 소녀가 앉아 있다. 1년 전 세상을 먼저 떠난 친구의 아이다. "엄마는 어떤 친구였어요? 제가 모르는 엄마 얘기를 더 듣고 싶어요." 당신은 친구와의 어떤 추억을 꺼내 말해주겠는가? 앞으로 한 달에 한 번, 이 아이를 만나 밥을 먹어야 한다면, 당신은 아무리 이야기해도 마르지 않을 만큼의 추억을 그 친구와 쌓아놓았는가?

당신이 경험한
작은 죽음은 무엇인가?

우리는 평생 수많은 의례와 작별 속에서 살아간다. 입학식과 졸업식, 입사와 퇴사, 결혼과 이혼, 출산과 장례. 그때마다 하나의 세계가 닫히고 또 다른 세계가 열린다.

학교나 일터가 바뀌면 매일 보던 친구나 동료를 이전처럼 자주 만날 수 없다. 세상에서 가장 가까웠던 연인과도 헤어지면 남남이 된다. 이사를 하면 매일 반복되던 동선과 일상의 풍경과도 작별한다. 그들과 풍경은 여전히 어딘가에 살아 있지만, 당신에게는 이전처럼 유효한 존재가 아니다. 당신의 의식 속에서 빠르게 사라져갈 것이다.

『내가 정말 알아야 할 모든 것은 유치원에서 배웠다』로 유명한 로버트 풀검은 이러한 크고 작은 작별을 우리가 경험하는 작은 죽음이라고 칭한다. 당신이 살면서 겪은 작은 죽음은 어떤 것이 있는가? 당신은 그때마다 어떤 태도로 그 순간을 떠나왔는가? 또 어떤 의례가 당신에게 도움이 되었는가?

당신의 증거가 되어줄 사람은
누구인가?

죽음은 생명이 끝나는 것이지, 관계가 끝나는 것은 아니다. 당신이 세상을 떠나도 마음속 깊이 당신을 간직하고 살아가는 이가 단 한 명이라도 남아 있다면, 당신은 여전히 세상에 존재하게 된다. 당신이 세상에 존재했었다는 마지막 증거는 살아 있는 자들의 기억인 것이다. 그들의 마음속에 남겨질 당신의 모습이 어땠으면 하는가? 마지막까지 당신을 기억해줄 사람은 누구일 것 같은가?

당신에게는 몇 번의 가을이
남아 있는가?

어느 계절을 가장 좋아하는가? 만약 당신이 가장 좋아하는 계절이 가을이라면, 앞으로 당신의 삶에는 몇 번의 가을이 더 남아 있는가? 돌아오는 그 계절에 해보고 싶은 것이 있다면 그것은 무엇인가?

당신은 어느 계절에
떠나고 싶은가?

봄은 만물이 소생하는 생명의 계절이지만, 동시에 많은 생명이 스스로 목숨을 끊는 죽음의 계절이기도 하다. 많은 이들이 봄에 세상을 떠나는 이유가 무엇이라고 생각하는가? 당신은 어느 계절에 떠나고 싶은가? 꽃 피는 봄날, 초록이 무성한 여름, 울긋불긋 물드는 가을, 하얀 눈이 가득한 겨울. 사람들이 어느 계절에 당신을 떠올려주길 바라는가?

당신의 죽음으로
세상을 바꾸고 싶은가?

출퇴근길에 늘 건너는 한강 다리는 대형 사고 이후 강화된 안전법으로 꼼꼼히 관리되고 있다. 열악한 환경에서 목숨을 잃은 수많은 노동자가 당신을 좀 더 개선된 환경에서 일할 수 있게 해주었고, 스쿨버스에 치여 황망하게 세상을 떠난 아이가 당신의 아이를 좀 더 안전한 환경에서 통학할 수 있게 해주었다. 당신이 승강장 앞에서 매번 마주하는 스크린도어 역시 많은 이들이 목숨을 잃은 후에야 설치되었다.

　우리가 누리는 모든 안전법과 시설은 대부분 누군가의 목숨에 빚지고 있다. 만약 당신이 억울한 죽음으로 갑자기 세상을 떠난다면, 당신의 사인이 누군가를 치료하거나 환경을 개선하는 데 조금이라도 도움이 되었으면 하는가?

당신이 태어난 날
죽은 사람은 누구인가?

당신은 언제 태어났는가? 그날은 당신에게 생일이
지만 누군가에게는 기일이기도 하다. 매일 수백 명
의 사람이 세상을 떠난다. 당신이 태어나던 날에도
누군가는 죽었을 것이다. 그날 동네에서 죽은 사람
이 누구인지 한 번 찾아보라. 당신이 태어나던 그해
에 어떤 사건이나 참사가 있었는지 혹시 알고 있는
가? 매년 돌아오는 당신의 생일에 타인의 죽음을 함
께 떠올린다면, 그의 죽음은 더 이상 외롭지 않을 것
이다.

　　살아 있는 자가 죽은 자에게 할 수 있는 최선의
일은 기억하는 일이다. 유가족이 세상을 떠나고 없
어도 누군가 나의 죽음을 잊지 않고 계속해서 찾아
주는 것, 나의 생일이 누군가의 기일이라는 것을 잊
지 않는 것. 우리는 각자 고독한 삶을 살다 떠나지만

서로의 죽음을 기억하며 앞으로 나아갈 수 있다. 당신은 몇 년, 몇 월, 며칠 어디에서 태어났는가? 그날 당신과 가장 가까운 지역에서 가장 가까운 날에 죽은 사람은 누구인가?

1년 후 당신의 빈자리는
어떤 모습일까?

당신을 추모하기 위해 1년 만에 다시 모인 친구들. 저마다 당신과의 추억을 한마디씩 한다. "우리 중에 제일 웃기는 녀석이었어", "철마다 만들어주던 과일청이 진짜 맛있었지", "가족한테도 못하는 말을 얘한테는 다 털어놓을 수 있었다니까", "내가 망설일 때마다 한 번 해보라는 말을 제일 많이 해주던 친구였어." 당신은 생전에 그들에게 어떤 존재였는가? 당신의 빈자리가 어떤 모습이었으면 좋겠는가?

당신 삶의 장르는
무엇인가?

당신이 세상을 떠난 지 30년이 흘렀다. 누군가 웹서 핑 중에 당신의 기록이 남아 있는 계정에 들어와 글과 사진, 영상을 본다면 그에게 당신의 삶은 어떻게 느껴질까?

통속적이지만 묘하게 눈을 뗄 수 없는 일일 드라마 같은 삶, 이상과 현실의 괴리를 좁히지 못한 채 자기와 치열하게 싸우고 있는 소설 같은 삶, 반복되는 일상을 매일 다른 시선으로 기록한 한 편의 시 같은 삶, 사람들이 좋아할 만한 온갖 정보를 스크랩해 두었지만 정작 자기 이야기는 한 줄도 없는 광고지 같은 삶, 가진 것 하나 없어도 꿈과 도전을 멈추지 않는 흥미진진한 영화 같은 삶. 지금 당신의 삶은 어떤 장르로 쓰여지고 있는가?

죽어서도 당신과
함께하는 사람이 있는가?

멕시코에는 '죽은 자의 날'이 있다. 매년 11월 1일에는 죽은 아이, 2일에는 죽은 성인을 기리며 산 자와 죽은 자가 늘 함께한다고 믿는다. 고인이 생전에 좋아했던 음식과 물건으로 제단을 꾸미고, 화려한 색의 꽃을 무덤과 대문 앞이나 길가에 뿌려 영혼이 길을 잃지 않고 집까지 무사히 찾아오도록 한다. 거리에서는 성대한 퍼레이드가 펼쳐지는데, 사람들은 죽은 자와 함께한다는 의미에서 모두 해골 분장을 하거나 해골 마스크를 쓴다. 이들에게 해골은 공포의 대상이 아니라 공존의 상징이다. 이 나라에 유독 해골 모양의 기념품이 많은 이유이기도 하다.

당신도 이들처럼 세상을 이미 떠났지만, 당신과 늘 함께한다고 느끼는 고인이 있는가? 당신은 언제 그와 강력히 연결되어 있다고 느끼는가?

희생자의 이름을
기억하는가?

당신이 어느 날 무장 괴한에게 피살되면 개인의 비극으로 끝나지만, 대형참사로 인해 죽는다면 사람들은 당신을 수많은 희생자 중 한 명으로 기억할 것이다. 어떤 죽음은 주인공이 되고 어떤 죽음은 통계가 된다.

당신이 지금까지 살아오면서 목격한 사고 중 가장 비극적인 사건은 무엇이었나? 당신은 그 사고로 희생된 사람의 삶에 대해 얼마나 알고 있는가? 만약 당신이 대형사고나 재해로 죽음을 맞이했을 때 누군가 당신의 이름과 삶을 기억해준다면, 그것만으로 당신의 가족은 큰 위로를 받을 수 있을까?

인류가 멸종한다면
어떻게 될까?

세상의 모든 벌이 사라진다면 꿀벌의 꽃가루받이로
열매를 맺는 식물은 열매를 맺지 못할 것이다. 이것
은 전 세계 식량의 90퍼센트를 차지하는 100대 농작
물 중 70퍼센트 이상에 영향을 미칠 것이고, 주요 작
물의 생산량을 3분의 1 수준으로 떨어뜨릴 것이다.
그리고 머지않아 생태계는 붕괴될 것이다.

현재 세계적인 감염병과 기상 이변으로 매년 수
백 종의 생물이 멸종하고 있다. 어느 날 지구에서 인
간을 제외한 모든 동물이 사라진다면 인간은 삶을
영위할 수 없을 것이다. 그런데 반대로 지구에서 인
간이 사라진다면 동물들은 계속 살아갈 수 있을지도
모른다. 인류의 멸종으로 가장 큰 영향을 받는 생명
체는 무엇일까?

지구에 당신이 등장하는 시간은 얼마만큼일까?

지구 나이 46억 년을 러닝타임이 24시간인 영화로 만든다면, 영화가 시작되어도 한동안은 검은 화면이 계속되고 아무 일도 일어나지 않을 것이다. 13시간 후쯤 다세포 동물이 출현하고 공룡은 23시간을 넘겨야 비로소 만날 수 있다. 당신의 8,000세대 위의 조상인 호모 사피엔스는 23시간 59분 57초쯤 등장한다. 엔딩 크레딧이 올라가기 3초 전에야 지구라는 행성에 인류가 출현하는 것이다.

당신의 삶은 지구에서 얼마만큼의 시간을 차지할까? 당신이 100세까지 산다면 당신이 등장하는 시간은 0.004초쯤 된다. 지나가는 행인으로도 특정할 수 없는 분량이다. 이런 인간에게 지구가 가장 바라는 것은 무엇일까?

당신이 생각하는
가장 멋진 죽음은 무엇인가?

자기에게 주어진 의무를 다하다 죽음을 맞이하는 것, 자기의 계획대로 세상을 떠나는 것, 언제 죽어도 후회 없는 삶을 살다 죽는 것.

모든 삶이 제각각 의미가 있듯이 모든 죽음 또한 의미가 있다고 생각하는가? 멋있는 삶이 있듯이 멋있는 죽음 또한 존재한다고 생각하는가? 그렇다면 어떤 죽음이 가장 멋진 죽음이라고 생각하는가?

다시 태어난다면
무엇이 되고 싶은가?

당신이 죽는 순간 "나는 죽어서 별이 될 거야"라고 말한다면, 실제 별이 되는 것과 상관없이 사람들은 별을 볼 때마다 당신을 추억할 것이다. 고양이를 사랑하던 당신이 "다음 생엔 집사가 아닌 고양이로 태어날 거야"라고 말한다면, 사람들은 고양이를 발견할 때마다 멈추어 서서 '혹시 네가 아닐까?'라고 생각할 것이다. 당신이 "작은 새가 되어 종종 너를 보러 올게"라고 말한다면, 사람들은 작은 새를 볼 때마다 당신에게 말을 건넬지도 모른다. 당신은 세상을 떠난 후에도 사랑하는 이들이 당신을 쉽게 떠올릴 수 있도록 평소 무엇이 되고 싶다고 말해두겠는가?

나는 내가 어디에서 왔는지 모른다.

어디로 가는지도 모른다.

왜 내가 존재하는지 어떤 소용이 있는지도 모른다.

단 하나 확실한 것은 내가 곧 죽을 거라는 사실이다.

그러나 내가 가장 모르고 있는 것 또한 죽음이다.

표도르 도스토옙스키(Fyodor Mikhailovich Dostoevskii, 러시아의 소설가)

결혼식은 두 번, 세 번 그 이상도 할 수 있지만
장례식은 생애 딱 한 번뿐이다.
내 생애 한 번뿐인 장례식을
잘 치르기 위해 필요한 질문을 모았다.

장례식에 들어가는 비용은 얼마일지,
시신은 어떻게 처리했으면 하는지,
장례식장에는 어떤 BGM이 흘렀으면 좋겠는지
구체적으로 그려볼수록
지금을 살아가는 데 도움이 될 것이다.

6장

내 생애 한 번뿐인 장례식

keyword

#유골 처리 방식 #관의 취향 #사후 신호

#장례식에서 하는 말 #환생 #장례식의 에티켓

#죽어서도 듣고 싶지 않은 말 #장례 예산 #죽음 산업

#임종 난민 #내 죽음을 처리해줄 사람들에게

#장례식장의 배경음악 #장례식장의 드레스코드

사람들은 겨우살이는 준비하면서도
죽음은 준비하지 않는다.
ㅇ 톨스토이(Lev Nikolayevich Tolstoy, 러시아의 소설가)

우리는 죽음에 대한 걱정으로 삶을 망쳐버리고
삶에 대한 걱정으로 죽음을 망쳐버린다.
ㅇ 미셸 드 몽테뉴(Michel Eyquem de Montaigne, 프랑스의 철학자)

말로 갈 수도 차로 갈 수도 있다.
둘이서 갈 수도 셋이서 갈 수도 있다.
하지만 맨 마지막 한 걸음은 혼자서 걷지 않으면 안 된다.
ㅇ 헤르만 헤세(Hermann Hesse, 독일의 소설가)

당신의 삶은 해결해야 할 문제가 아니라
즐겨야 할 선물이다.
ㅇ 웨인 뮬러(Wayne Muller, 미국의 목사이자 명상가)

유골을
어떤 방식으로 처리하겠는가?

매장되거나 화장되거나, 죽은 후 당신의 몸은 둘 중 한 가지로 처리될 확률이 높다. 하지만 시신을 매장하면 토양이 오염되고, 화장하면 온실가스가 배출되어 대기가 오염된다. 환경 오염을 원치 않는다면 다른 방법을 택할 수도 있다.

유골 가루와 조개껍데기를 섞어 인공 산호초 장례를 한다면 죽어서 물고기들의 안식처가 될 수 있다. 시신을 30일간 자연친화적인 퇴비로 만들어 수목장을 한다면 나무의 거름이 될 수도 있다. 당신은 인공 산호초가 되어 바다로 돌아가고 싶은가, 흙이 되어 땅으로 돌아가고 싶은가? 당신의 유골을 취향이나 신념에 따라 처리할 수 있다면 어떤 방식으로 하고 싶은가?

어떤 모양으로
관을 만들고 싶은가?

전 세계에서 가장 화려하고 창의적인 관을 만들기로
유명한 가나. 이곳에서는 생전의 직업이나 소유했던
물건 혹은 다음 세상에서 다시 태어나고 싶은 동물
의 모양으로 관을 만들어 매장하는 풍습이 있다. 어
부로 평생 살아왔다면 물고기 모양의 관에 들어가
삶을 마감하기도 한다. 당신이라면 어떤 모양의 관
에서 삶을 마감하고 싶은가?

당신은 어떤 얼굴로
조문객을 맞이하고 싶은가?

당신이 장례식을 한다면 조문객들은 영정사진으로 당신의 마지막 얼굴을 기억할 것이다. 장례식을 하지 않는다면 당신의 소셜 미디어에 올라간 사진이 마지막 얼굴이 될 것이다. 장례식에 찾아온 이들에게 인사를 건네고 싶은 마지막 얼굴은 어떤 모습인가? 당신이 선택한 사진 속의 당신은 몇 살이며, 그 사진은 어디에서 찍은 사진인가? 그 사진을 마지막 사진으로 하고 싶은 이유는 무엇인가?

세상을 떠난 후
어떤 신호를 보내고 싶은가?

당신의 임종을 지켜보던 가족이 마지막으로 병실을 나갔다. 이제 당신은 시신 보관용 냉장 시설에 안치될 것이다. 심장은 뛰지 않고 호흡은 멎었지만 영혼은 아직 살아 있다. 곧 장례 절차가 하나둘 시작될 것이고 숙련된 시신 위생처리사가 당신의 몸을 처리한 후 염을 할 것이다.

수의를 입기 전까지 당신의 영혼은 어디든 갈 수 있고 어디에나 머물 수 있다면, 장례가 치러지는 내내 누구의 곁에서 무엇을 하고 싶은가? 또 그가 당신의 존재를 느낄 수 있다면 그에게 어떤 신호를 주고 싶은가?

장례식에서
듣고 싶은 말은?

가족의 장례식. 상주인 당신에게 사람들이 다가와 형식적이지만 위로가 되는 한마디를 저마다 전하고 사라진다.

"삼가 고인의 명복을 빕니다", "얼마나 상심이 크십니까", "천국의 은혜가 함께하길 소망합니다", "극락왕생하시길 바랍니다", "뭐라고 위로의 말씀을 드려야 할지 모르겠습니다."

이 중 당신에게 가장 힘이 되는 말은 무엇인가? 당신은 타인의 장례식에서 대개 어떤 말로 마음을 전하는 편인가?

같은 몸으로
다시 태어날 의향이 있는가?

당신은 난치병을 앓다 방금 운명했다. 시대는 치료법을 찾지 못해 당신의 몸에 죽음을 선고했다. 하지만 원한다면 다른 시대에 다시 태어날 수 있다.

당신의 몸은 임종 직후 뇌와 신체 기능이 유지되는 골든타임 안에 인체 냉동 보존 회사로 옮겨진다. 여기서는 당신의 몸속 피와 수분을 모두 빼낸 뒤 글리세린 같은 동결보호제를 투입한다. 동결 시 파손 위험이 있는 장기를 보호하기 위해서다. 하지만 뇌 기능과 기억력을 완벽히 되살릴 수 있을지는 장담할 수 없다. 부동액 주입을 마친 몸은 이제 보관 장소로 이동해 액체질소로 채워진 챔버에 들어가 영하 196℃의 온도로 보존된다. 당신에게 충분한 돈이 있다면, 아직 성공 사례가 없는 이 시신 처리 방식에 2억 5,000만 원을 지불할 의향이 있는가?

당신의 장례식에 온 사람들의 표정이
어땠으면 하는가?

당신의 장례식에 온 사람들이 울었으면 좋겠는가, 웃었으면 좋겠는가? 그 이유는 무엇인가?

당신의 장례식에서
가장 듣기 싫은 말은 무엇인가?

당신의 장례식에 모인 사람들은 저마다의 이유로 당신의 죽음을 슬퍼할 것이다. 당신이 혼자 살다 죽었다면 결혼도 못 해보고 죽었으니 어쩌냐며, 결혼했다면 남겨진 배우자나 아이는 이제 어떻게 사냐며, 남들보다 일찍 세상을 떠났다면 이 좋은 세상 다 누리지도 못하고 떠난다며, 노환으로 죽었다면 이 험한 세상에서 평생 고생만 하다 간다며 안타까워할 것이다. 당신은 이 중 어떤 말을 가장 듣고 싶지 않은가?

당신의 장례식에는
어떤 에티켓이 필요할까?

당신의 장례식에 온 사람들에게 이것만큼은 슬퍼하지 않아도 된다고 미리 장례식장에 써 붙일 수 있다면, 당신은 무엇을 쓰고 싶은가? 당신 장례식장만의 에티켓이 있어야 한다면 무엇일까?

장례 예산은
얼마가 필요할까?

당신이 원하는 방식으로 죽음을 맞이하기 위해 얼마의 비용이 필요할까? 구체적인 비용을 생각해보라.

일단 당신이 어떤 사고나 질병으로 세상을 떠날지는 알 수 없다. 일반적인 통계에 기반해 보험을 들거나 그것과 상관없이 살아가거나, 둘 중 하나를 택해야 한다.

원하는 임종 장소에 따라 준비 비용도 달라질 것이다. 가정 임종을 원한다면 구체적인 환경을 갖추어야 한다. 시신 처리 방식에 대해서는 당신과 뜻이 맞는 업체를 미리 선정하는 것이 필요하다.

당신이 죽는 날, 일반 장례식장이 만실이라면 하루 80만 원 하는 특실을 써야 할지도 모른다. 혹은 시신 호텔로 옮겨져 하루 10만 원씩 내며 장례를 치를 수 있을 때까지 대기할 수도 있다. 납골당에서는 사람들 눈높이에 가장 좋은 로열층에 안치되기 위해서 아랫단보다 최대 10배 더 많은 돈을 내야 한다. 유품과 유산 정리를 전문가에게 맡긴다면 그 비용도 고려해야 한다.

당신은 어떤 절차에 최대의 비용과 어떤 절차에 최소의 비용을 쓰고 싶은가?

죽음의 산업화는
죽음의 질을 높여줄까?

우리가 도시 안에서 죽음을 맞이하는 한, 한 사람의 죽음은 누군가의 일감이 된다. 원하는 곳에서 임종을 맞이하도록 기획해주는 임종 여행 플래너, 장례 난민이 되지 않도록 장례식이나 화장장의 자리가 날 때까지 대기 공간을 마련해주는 시신 안치 서비스 업체, 원하는 방식으로 시신을 처리하도록 도와주는 유골 처리 컨설턴트, 디지털 세계의 흔적을 지워주는 디지털 장의사와 고독사 현장을 처리해주는 특수 청소업체, 당신에게 최적화된 장례를 제안하는 프라이빗 장례지도사. 당신은 이 중 누구의 명함을 받아놓고 싶은가? 이런 죽음을 둘러싼 산업화가 당신의 죽음의 질을 높이는 데 얼마나 영향을 미친다고 생각하는가?

임종 준비는
어떻게 해야 할까?

2050년 초고령 사회가 된 서울, 요양 시설과 장례식장은 포화 상태에 이른다. 제때 임종 장소와 화장장에 들어갈 수 없는 시신은 빈 오피스텔이나 아파트를 개조해 만든 시신 호텔로 옮겨져 한두 달을 대기해야 한다. 좋은 학교, 좋은 직장, 좋은 집을 얻기 위해 평생 노력했던 사람들이 이제 좋은 임종 시설에 들어가기 위해 줄을 서 있다. 더 호화스러운 임종 시설, 한 평이라도 넓은 시신 호텔 그리고 취향이 반영된 장례를 치르기 위해 최선을 다한다.

　사람들은 저마다 구미에 맞는 장례 업체를 선정하고 보험을 들고 꾸준히 보험료를 납입한다. 빠른 장례식의 우선 조건이 보험료 납입 기간에 달려 있기 때문이다. 그다음 조건은 가족 구성원의 숫자다. 사람들은 제때 안정적인 임종을 맞이하고 장례를 치

르기 위해 죽음을 앞두고 위장 결혼식을 올리기도
한다. 당신은 원하는 임종을 맞기 위해 지금부터 무
엇을 준비하겠는가?

죽음을 처리해줄 사람에게
부탁하고 싶은 것은?

당신이 살아서 만날 수 없는 사람들이 있다. 그들은 당신의 죽음 뒤에 찾아올 것이다.

당신이 병원이 아닌 곳에서 죽는다면, 시신을 처음 발견한 사람이 119에 신고할 것이고 경찰이 현장에 도착할 것이다. 사인을 파악하기 위해 검안의를 부를 것이고, 그때까지 가족들은 당신에게 접근할 수 없다. 질병사인지 외인사인지 정확히 모르기 때문이다. 만약 사고사로 밝혀지면 가족의 동의 없이도 당신의 시신을 부검할 수 있다. 정확한 사인이 밝혀지면 비로소 사망진단서를 작성할 수 있다.

사망진단서 작성 후에 시신은 장례식장으로 옮겨질 것이다. 생전에 당신이 유서를 남기거나 상조업체를 정해두었다면 그에 따라 장례식이 치러질 것이다. 경찰, 검안의, 부검의, 구급차 운전기사, 장례

업체 직원들. 당신의 죽음을 처리해줄 관계자를 생전에 만나볼 수 있다면 당신은 그들에게 무엇을 부탁하고 싶은가?

당신의 장례식장에서
흘러나올 노래는?

오늘은 당신 생애 단 한 번뿐인 장례식 날. 당신은 죽기 전 장례식에 오는 이들에게 할 작별 인사로 노래 한 곡을 선곡해두었다. 지금 그 노래가 장례식장에 흘러나오고 있다면 그 노래는 무엇일까? 당신이 이 노래를 선택한 이유는 무엇인가?

사전 장례식을
치를 생각이 있는가?

죽기 전에 꼭 보고 싶었던 사람들만 불러 모아 사전 장례식을 치르고 싶은가, 되도록 많은 이들이 찾아와 당신의 죽음을 애도하는 사후 장례식을 치르고 싶은가? 살아 있는 동안 죽음을 준비하는 것은 일부 여유 있는 이들의 유난스러운 일이라고 생각하는가, 누구나 해야 하는 평범한 일이라고 생각하는가?

장례식의 드레스 코드는
무엇으로 하고 싶은가?

장례식을 찾는 이들이 검은 옷을 입는 것은 자기 몸에 망자의 혼이 들어오는 것을 막기 위함에서 비롯되었다. 액운을 막아주는 붉은색 음식인 육개장이 장례식장에 나오는 것도 이런 믿음과 상통한다.

당신이 이런 관습에 개의치 않는다면, 장례식에 오는 사람들이 검은 옷을 입을 필요가 없으며, 같은 메뉴로 문상객을 대접하지 않아도 된다. 당신의 장례식에 온 사람들이 어떤 색의 옷을 입고 어떤 음식을 먹고 갔으면 좋겠는가?

어떻게 죽어야 할지를 앎으로써

우리는 모든 예속과 속박으로부터

자유로워진다.

미셸 드 몽테뉴(Michel Eyquem de Montaigne, 프랑스의 철학자)

내가 원하는 죽음에 가깝게 가기 위해서는
정신적으로나 물리적으로나 모두 준비를 해야 한다.
장기기증, 사전연명의료의향서 작성에서부터
보험, 비용 마련, 온라인 기록 삭제 등까지
살아 있을 때 준비할 수 있는
모든 것에 대한 질문을 담았다.

7장

죽음을 준비하는 자세

산다는 것은 죽는 것이다.
바르게 산다는 것은 바르게 죽는 것이다.
그러므로 옳게 죽기 위해 노력해야 한다.
○ 톨스토이(Lev Nikolayevich Tolstoy, 러시아의 소설가)

항상 죽을 각오를 하고 있는 사람만이
참으로 자유로운 인간이다.
○ 디오게네스(Diogenes, 고대 그리스의 철학자)

천국에 가는 가장 좋은 방법은
지옥에 가는 길을 잘 아는 것이다.
○ 니콜로 마키아벨리(Niccoló Machiavelli, 이탈리아의 정치 사상가)

사람은 누구나 각자의 삶을 홀로 산다.
나는 홀로 죽음을 맞이한다.
○ 옌스 페테르 야콥센(Jens Peter Jacobsen, 덴마크의 소설가)

당신이 원하는 죽음을
방해하는 요소는?

당신이 원하는 방식의 죽음으로 가는 길에 예상치 못한 방해 요소가 있을 수 있다. 막상 죽음이 닥치니 이전과 달라진 내 마음과 의지, 단 하루라도 숨이 붙어 있는 날을 연장하려는 가족들, 삶을 정리하기에는 부족한 물리적인 시간과 비용이 그것이다. 당신이 원하는 방식의 임종을 맞이하는 데 있어 가장 큰 방해물은 무엇이라고 생각하는가? 이러한 문제를 해결하기 위해 지금 무엇을 준비하겠는가?

죽은 뒤에도 사생활을
보호받고 싶은가?

두 시간 전, 당신은 인적이 드문 다리 밑에서 변사체로 발견되었다. 당신의 마지막 순간을 지켜보던 '유일한 목격자'는 죽음 직전까지 당신이 손에 쥐고 있던 휴대폰이다.

현장에 도착한 경찰은 별다른 외상이 없으니 정확한 사인 분석을 위해 부검을 해야 한다고 말한다. 하지만 가족은 부검 전에 당신 휴대폰의 잠금장치를 풀길 원한다. 잠금장치를 풀면 이 수상한 죽음의 실마리를 풀 수 있을 것 같기 때문이다. 하지만 휴대폰 회사에서는 사생활 보호를 위해 본인의 동의 없이 잠금장치를 풀어줄 수 없다고 말한다. 당신은 휴대폰을 불법 사설 업체에 맡겨서라도 잠금장치를 풀고 죽음의 원인을 밝혀주길 바라는가? 아니면 삶이 끝났어도 사생활이 끝까지 보호받길 원하는가?

당신의 아이디와 비밀번호를
누구에게 전달하겠는가?

당신이 죽어도 방 안의 물건은 그대로 남겨지듯, 온라인의 흔적도 계속 남아 있다. 당신은 유품정리사가 고인의 물건을 정리하듯, 누군가 인터넷상의 흔적을 깨끗이 정리해주길 바라는가?

대부분의 웹사이트에서는 유가족이 사망신고서를 제출하기 전까지 고인의 기록을 계속 보존하는 것을 원칙으로 한다. 그렇다면 당신은 믿을 만한 누군가에게 아이디와 비밀번호를 남기고 뒷정리를 부탁하겠는가, 아무것도 하지 않고 그대로 두겠는가? 아니면 전문 업체에 의뢰해 모든 자료를 깨끗이 삭제하겠는가? 당신이라는 존재가 온라인과 오프라인에서 모두 사라지는 것, 죽어도 온라인에는 흔적이 영원히 남는 것. 당신은 무엇을 더 원하는가?

장기기증을 반대하는 가족을
어떻게 설득하겠는가?

의사는 방금 당신에게 사망진단서를 발급했다. 평소 당신의 뜻대로 가족은 장기기증 협약 병원에 연락한다. 각막은 사후 여섯 시간 내 적출해야 기증이 가능하므로 당신의 몸은 신속히 이송된다. 하룻밤 사이에 당신은 누군가의 호흡이 되고, 눈이 되고, 간이 되어 총 아홉 명에게 새로운 삶을 안겨주었다. 임무를 마친 몸은 다시 장례식장으로 이송되어 가족을 만난다. 이 모든 과정에서 가족이 부담하는 비용은 없으며, 국가로부터 소정의 장례비도 전달받는다. 원한다면 당신의 이름이 장기기증자 추모 공원에 새겨질 수도 있다.

　여기까지가 장기기증 절차에 동의한 당신이 그려보는 이상적인 사후 모습일 것이다. 하지만 가족들은 지금 당신이 죽으면 장기기증을 하겠다는 말에 반대하고 있다. 당신의 몸이 훼손되는 것을 원치 않아서다. 당신은 장기기증을 반대하는 가족에 맞서지 않고 존중하고 따르겠는가, 설득해보겠는가? 가족에게 당신의 몸에 대한 사후 결정권이 있다고 생각하는가?

죽음으로 삶을
어떻게 완성시키고 싶은가?

어떤 죽음은 깃털처럼 가볍고, 어떤 죽음은 바위처럼 무겁다. 죽음을 사용하는 법이 다르기 때문이다.

평생 자기 욕심 채우기에만 급급했던 사람도 전 재산을 기부하고 죽는다면, 그는 이기적인 사람이 아닌 이타적인 삶을 살다간 사람으로 기억될 것이다. 평생 외모를 가꾸는 데 열과 성을 다하던 사람이 죽은 후 시신과 인체 조직을 기증한다면, 껍데기에만 집착하던 삶이라는 오명을 벗고 마지막까지 육신을 아름답게 사용한 사람으로 기억될 것이다. 그의 피부는 화상 환자, 정맥은 혈관 환자, 심장 판막은 심장병 환자에게로 가서 그들에게 새로운 삶을 안겨줄 것이다. 이렇듯 죽음만큼 우리의 삶을 단번에 반전시킬 좋은 기회는 없다. 당신은 죽음을 사용해 삶을 어떻게 완성시키고 싶은가?

당신은 수입의 몇 퍼센트까지
보험료로 낼 수 있는가?

살면서 걸릴 수 있는 모든 질병에 대해 최대 90퍼센트의 치료비를 보장하며, 죽은 후 남겨진 가족에게 3년간 충분히 먹고살 만큼의 사망보험금을 지급하는 보험이 있다. 당신은 이 보험에 가입하겠는가? 이 보험에 매달 수입의 몇 퍼센트까지 지불할 의향이 있는가?

집에서 임종을 맞이할 만한
조건을 갖추고 있는가?

당신은 병원에서 죽고 싶은가, 집에서 죽고 싶은가?
요양 시설에서 임종을 기다리는 노인 대부분은 병원
이 아닌 집에서 죽고 싶다고 대답했다.

우리가 병원에서 탄생과 죽음을 함께한 역사는
고작 60년도 채 되지 않는다. 하지만 지난 1년간 한
국에서 사망한 이들의 86퍼센트는 집이 아닌 병원에
서 임종을 맞이했다. 그들은 같이 사는 가족에게 짐
이 되기 싫어서, 가족의 최종 의사결정에 따라야 해
서, 집에 간병할 사람이 없어서 등의 이유로 병원을
선택했다.

일본의 사회학자 우에노 치즈코는 집에서 죽고
싶다면, 현실적으로 다음의 조건을 갖추어야 한다고
말한다. 먼저 집에서 죽겠다는 본인의 확고한 의지,
다음으로 간병 경험이 있는 동거인, 이동 가능한 지

역 의료와 간호·간병 자원 그리고 약간의 돈. 이 중 당신이 현재 갖춘 것은 무엇이고 갖추지 못한 것은 무엇인가?

죽음과 사투를 벌일 때
힘이 되는 사람은 누구일까?

당신이 없으면 아무것도 할 수 없는 사람과 당신이
없어도 무엇이든 할 수 있는 사람. 당신이 죽음과 사
투를 벌일 때, 더 의지할 수 있는 사람은 누구인가?
죽음을 앞둔 당신 앞에서 사랑하는 사람이 둘 중 어
떤 모습이었으면 좋겠는가? 지금 당신이 사랑하는
사람은 전자와 후자 중 어떤 모습에 가까운가?

세상을 바꿀 기회에
기꺼이 목숨을 사용하겠는가?

부모를 선택해 태어날 수 없듯이, 시대와 나라도 선택할 수 없다. 태어나 보니 당신의 나라는 식민지다. 모국어를 사용할 수 없고 대부분의 국민은 가난하고 배움의 기회조차 없다.

당신은 사람들에게 글을 가르치고 독립 의식을 길러주었다. 하지만 곧 한계를 느끼고 다른 계획에 돌입한다. 당신의 나라를 빼앗은 이들의 우두머리를 암살하기로 한 것이다.

결전의 날이 밝았다. 지금 당신은 저격용 폭탄 하나와 자결용 폭탄 하나를 품고 그곳으로 뚜벅뚜벅 걸어 들어간다. 원한다면 언제든 멈출 수 있다. 당신은 계획대로 폭탄을 투척하겠는가? 세상을 변화시키는 일에 기꺼이 당신의 목숨을 사용하겠는가?

죽는다는 사실을 누구에게
가장 먼저 알릴 것인가?

당신에게 가장 힘이 되는 사람을 떠올려보라. 당신
이 곧 죽는다는 사실을 알게 되었을 때 그 소식을 그
에게 가장 먼저 알릴 수 있겠는가? 아니라면 당신은
죽는다는 사실을 누구에게 가장 먼저 알리고 싶은
가, 또한 반대로 끝까지 알리고 싶지 않은 사람은 누
구인가?

당신이 바꿀 수 있는
사망진단서의 항목은?

당신이 살아서는 볼 수 없는 서류가 있다. 바로 사망진단서다. 사망진단서에는 다음과 같은 항목이 포함된다. 이름, 성별, 주민등록번호, 등록 기준지, 주소, 발병 일시, 사망 일시, 사망 장소, 직접 사인과 직접 사인에 영향을 준 사인을 묻는 사망의 원인, 병사인지 외인사인지 묻는 사망의 종류, 수술 의사의 주요 소견. 이 항목 중 당신이 살아 있을 때 의지를 발휘해서 바꿀 수 있는 것은 무엇이라고 생각하는가?

사전연명의료의향서를
작성할 생각이 있는가?

2018년 2월, 환자가 의학적으로 무의미한 연명의료를 할지 말지 스스로 결정할 수 있는 연명의료결정법이 시행되었다. 성인이라면 누구나 자신의 연명의료 중단 여부를 스스로 결정하고 호스피스에 관한 의향을 사전연명의료의향서로 작성할 수 있는 것이다. 현재까지 100명 중 세 명이 연명치료 대신 죽음을 선택했다. 만약 제출 후에도 변경이나 철회가 가능하다면, 당신은 사전의료의향서를 작성할 생각이 있는가? 있다면 언제 작성하겠는가?

누구를 의료 대리인으로
지정하겠는가?

바늘 자국으로 얼룩진 당신의 팔이 그간의 투병 생활을 보여주고 있다. 당신은 단지 임종을 연장하는 심폐소생술, 인공호흡기 착용, 항암제 투여, 수혈 같은 연명의료를 더는 받고 싶지 않다. 하지만 이런 연명의료에 대한 뜻을 미처 서류로 남기지 못한 채 의식을 잃고 말았다.

당신의 생명을 쉽게 포기할 수 없는 가족들은 단 하루라도 수명을 연장하기 위해 가능한 한 모든 장치를 사용해달라고 부탁한다. 그 결과 당신의 몸에 있는 모든 구멍에는 갖가지의 관이 꽂혔다. 만약 가족 중 두 사람이 당신의 의견을 대리할 수 있다면, 연명치료를 당장 중단할 수 있다. 당신은 만일의 순간을 대비해 의학적 치료 대리인을 미리 지정해두겠는가? 가족 중 누구에게 부탁하겠는가?

죽음을 한 달 미룰 수 있다면
무엇을 하겠는가?

죽음은 도처에 있다. 벌초하러 간 성묫길에 벌에 쏘여 죽을 수도 있고, 샤워 후 물기가 남아 있던 바닥에 미끄러져 집 안에서 즉사할 수도 있다. 혹은 대낮의 거리 한복판에서 강풍에 떨어진 간판에 맞아 생을 마감할 수도 있다. 하지만 그 누구도 자기에게 이런 일이 일어날 것이라고 생각하지 않는다. 그래서 누구에게나 죽음은 갑작스럽다. 당신이 이런 사고로 당장 내일 세상을 떠난다면 무엇이 가장 아쉬울 것 같은가? 만약 죽음을 한 달 미룰 수 있다면 당신은 무엇을 마치고 가고 싶은가?

당신은 누구와 더 많은 시간을 보내고 있는가?

당신의 죽음으로 누군가는 자식을 잃고, 부모를 잃고, 배우자를 잃을 것이다. 당신은 누군가의 오랜 친구, 솜씨 좋은 이웃, 월급을 주던 사람이었다. 그들은 더 이상 당신의 목소리를 들을 수도 당신의 손길을 느낄 수도 없다. 조만간 밥 한 번 먹자던 약속, 언젠가 같이 여행 가자던 계획도 모두 다 사라져버린다. 그들은 당신에게 속한 모든 것, 당신이라는 고유한 세계를 잃어버리게 될 것이다.

갑작스러운 당신의 죽음으로 가장 고통받는 이는 누구일까? 반대로 별다른 영향을 받지 않는 이는 누구일까? 당신은 지금 둘 중 누구와 더 많은 시간을 보내고 있는가?

당신은 병원에
얼마나 자주 가는가?

평소 당신은 건강을 얼마나 자신하는 편인가? 건강 걱정으로 병원을 자주 찾는 편인가, 그 반대인가? 병원에 자주 갈수록 몸 상태를 객관적으로 진단할 수 있고 경각심을 유지할 수 있으니, 건강한 삶을 살 수 있다고 생각하는가? 의료사고에 노출되거나 건강 염려증에 걸릴 확률이 높아져 오히려 건강한 삶에서 멀어진다고 생각하는가?

죽기 전에 꼭 찾아왔으면 하는 행운은 무엇인가?

죽기 전 1년간 다음 중 하나를 할 수 있다면, 당신은 어떤 행운이 따르길 기대하는가?

1. 죽기 전까지 품위를 잃지 않는 것
2. 타인의 시선 때문에 못 해본 것을 마음껏 해보는 것
3. 살면서 미워했던 사람들을 모두 용서하는 것
4. 어떠한 상황에서도 긍정적인 마음을 잃지 않는 것
5. 보고 싶은 사람과 연락이 닿아 만나보는 것

삶과 죽음의 태도가
얼마나 일치하는가?

태어난 것은 모두 죽는다. 잘 죽고 싶다면 잘 살면 된다. 나답게 살아가는 법을 터득한다면, 나답게 죽는 법도 알게 될 것이다. 잘 사는 것만큼 잘 죽는 방법은 없다. 당신은 하루하루 잘 사는 중인가? 현재의 태도를 그대로 유지하며 죽음을 맞이해도 괜찮은가?

아름다운 마무리를 위해
필요한 것은?

다음은 유품정리사 김새별이 알려주는 아름다운 마무리를 위한 일곱 가지 수칙이다.

1. 삶의 질서를 위해 정리를 습관화하기
2. 직접 하기 힘든 말은 글로 적기
3. 중요한 물건은 찾기 쉬운 곳에 보관하기
4. 가족에게 병을 숨기지 말기
5. 가진 것들을 충분히 사용하기
6. 누구 때문이 아닌 자신을 위한 삶을 살기
7. 결국 마지막에 남는 것은 사랑했던 사람과의 추억이니 아름다운 추억을 많이 만들기

당신은 이 중 무엇을 실천하고 있는가? 당신은 아름다운 마무리를 위해 어떤 수칙을 만들겠는가?

듣고 생각하고 명상하고 질문할 수 있을 때
준비하지 않는다면
생의 마지막 날,
남는 것은 후회뿐일 것이다.

달라이 라마(Dalai Lama, 티베트의 정신적 지도자)

여기에서는 가까운 이의 죽음을 가정한
질문을 준비했다.
가까운 이의 죽음을 상상함으로써
현재의 관계를 돌아보고 소중함을 깨우칠 수 있다.
가족, 연인, 친구 등 가까운 이를 대하는
나의 태도와 마음가짐을 새롭게 해줄 것이다.

8장

나와 가까운 사람의 죽음

keyword

#희생된 삶 #남겨진 연인 #마지막 인사말

#또래의 수명 #인연 #마지막 부탁 #반려자의 죽음

#마지막 스킨십 #임종의 가치 #동경하던 삶

#의료사고 #사망보험금 #유품의 사생활

#자살의 충분조건 #추억과 관계 #간병인의 책임

#마지막 대화

타인이 그대에게 자리를 내준 것처럼
그대 역시 타인에게 자리를 내주라.
○ 미셸 드 몽테뉴(Michel Eyquem de Montaigne, 프랑스의 철학자)

애도의 눈물로써 죽은 이를 숭상하지 말라.
살아생전의 추억을 소중히 함으로써 그를 숭상해야 한다.
○ 왕부(王符, 중국 후한 말기의 사상가)

걷는 것은 넘어지지 않으려는 노력에 의해서
우리 몸의 생명은 죽지 않으려는 노력에 의해서 유지된다.
삶은 연기된 죽음에 불과하다.
○ 아르투르 쇼펜하우어(Arthur Schopenhauer, 독일의 철학자)

운이 좋은 사람은 젊은이가 아니라
일생을 잘 살아온 늙은이다.
○ 에피쿠로스(Epikouros, 고대 그리스의 철학자)

당신을 위해
인생을 희생한 사람이 있는가?

겨울의 남극에서도 생명을 꿋꿋이 이어나가는 생명체가 있다. 바로 황제펭귄이다. 이들은 영하 60도의 강추위와 초속 50미터의 눈보라가 몰아치는 혹한에서도 새끼를 지켜낸다. 알을 품고 있는 약 2개월 동안 얼음 조각만 조금씩 깨 먹으며 수분을 섭취하고, 새끼가 부화를 시작하면 위장에 저장해둔 먹이를 토해내 먹인다. 겨울 내내 먹지도 자지도 못해 몸무게는 원래의 3분의 1로 줄고, 몇몇은 눈보라에 휩쓸려 결국 죽음을 맞이한다. 황제펭귄처럼 자신을 희생해 당신을 지켜준 존재가 당신의 삶에도 있는가? 당신은 누군가의 삶이 희생된 만큼 가치 있는 인생을 살고 있는가?

남겨진 연인에게
새로운 사랑이 찾아온다면?

당신이 떠난 후에 홀로 남겨진 당신의 연인. 시간이
흐른 후, 그에게 새로운 사랑이 찾아온다면 당신과
닮은 사람을 만나 행복하길 바라는가, 당신과 전혀
다른 사람을 만나 행복하길 바라는가? 혹은 어떤 누
구도 만나지 않고 평생 당신을 그리워하며 살길 바
라는가? 반대로 당신의 연인이 먼저 떠나고 당신이
홀로 남겨졌다면 당신은 어떻게 하겠는가?

소중한 사람에게
마지막으로 하고 싶은 말은?

당신에게 가장 소중한 사람은 누구인가? 그 사람을
떠올려보라. 그가 세상을 떠나는 날이 왔고 방금 그
의 숨이 끊겼다. 가장 마지막까지 살아 있는 인간의
감각은 청각이다. 그는 아직 당신의 말을 들을 수 있
다. 그에게 다가가 어떤 마지막 인사를 전하겠는가?
평소에 당신은 그에게 이 말을 몇 번이나 한 적이 있
는가?

당신의 친구들 중
마지막 조문객은 누구일까?

한밤중에 울리는 전화가 더는 반갑지 않은 나이가
된 당신. 오늘 또 한 명의 친구가 세상을 떠났다는
소식을 들었다. 결혼식에 쪼르르 달려가 축복해주던
그 하객들이 이제는 세상을 떠난 친구의 장례식에
조문객으로 모인다. 서로의 취업과 결혼을 축하해주
고 아이를 낳고 사회생활을 왕성히 하던 시기를 지
나 이제는 서로 매일 먹는 약과 지병을 공유하는 시
기가 되었다. 당신의 친구 중 가장 먼저 세상을 떠날
것 같은 사람은 누구인가? 반대로 가장 오래 살면서
친구들의 장례식에 마지막까지 참석할 것 같은 사람
은 누구인가?

이 아이를
탄생시키겠는가?

당신은 오랫동안 아이가 생기길 기다려왔다. 그러던 어느 날, 드디어 여섯 번째 시험관 시술 끝에 아이를 갖는 데 성공했다. 기쁨도 잠시, 당신은 산전 검사에서 아이가 장애를 지니고 태어날 확률이 50퍼센트라는 말을 듣는다. 당신은 이 아이를 태어나게 하는 것과 태어나지 않게 하는 것, 둘 중 어떤 것이 당신과 아이에게 더 고통스러운 일이라고 생각하는가? 당신은 아이와 만나겠는가, 만나지 않겠는가?

친구의 마지막 부탁을
들어주겠는가?

생의 대부분을 함께했던 친구가 지금 생사의 기로에 있다. 당신은 오늘이 그를 볼 수 있는 마지막 면회처럼 느껴진다. 오늘따라 컨디션이 좋아 보이는 친구가 당신에게 처음이자 마지막이라며 부탁을 해온다. 죽기 전에 꼭 먹고 싶은 음식이 있으니 사달라는 것이다. 당신은 그 음식이 친구의 병세를 악화시킨다는 것을 잘 알고 있다. 당신은 친구의 가족 몰래 그 음식을 사 들고 병실로 들어가겠는가, 아니면 친구의 부탁을 거절하겠는가?

반려자의 치료를
포기할 수 있는가?

지난 30년간 당신은 하루도 쉬지 않고 달려왔다. 그 삶을 견딜 수 있었던 이유는 꿈이 있었기 때문이다. 바로 당신의 반려자와 함께 캠핑카로 전 세계를 여행하는 것. 은퇴를 하면 달리고 싶은 만큼 달리다 멈추는 곳이 목적지가 되는 삶을 살자고 약속했다. 휴일이면 함께 지도를 펼쳐 계획을 세우고 와인 산지와 다이빙 포인트를 체크했다.

　그런데 은퇴를 앞둔 어느 날, 그가 말기암 선고를 받는다. 의사는 지금이라도 치료한다면 완치될 가능성이 있다고 한다. 하지만 그는 치료를 거부하고 있다. 여행비를 치료비로 다 써야 하기 때문이다. 그의 마지막 소원은 당신이 자신을 대신해 꿈을 이루는 것이다. 당신은 이런 그를 설득해 치료를 받게 하겠는가, 그의 소원대로 여행을 떠나겠는가?

당신은 친구의 시신을
이용하겠는가?

당신은 친구와 함께 높은 곳에 올랐다. 이곳은 통신 신호가 전혀 잡히지 않는 지역이다. 당신은 물도 음식도 없이 이미 36시간을 버틴 상태다. 당신이 살 수 있는 방법은 딱 하나. 당신의 발밑 까마득한 수직 절벽 아래로 통신 신호가 정상적으로 잡히는 데까지 당신의 휴대폰을 안전하게 내려 보내는 것이다. 그러기 위해서는 먼저 죽은 당신 친구의 시신을 이용해야 한다. 친구의 사체 속에 휴대폰을 넣어 집어 던지는 것만이 유일한 생존 방법이다.

당신은 친구의 사체를 이용해 필사적으로 살아남겠는가, 망자의 시신이 더 이상 훼손되지 않도록 최선을 다해 보호하겠는가? 당신이 살아남는 것과 친구의 시신을 보호하는 것, 둘 중 당신에게 더 가치 있는 것은 무엇인가?

당신이 하고 싶은
마지막 스킨십은?

살면서 존재만으로도 힘이 되는 누군가를 만난 적이 있는가? 그 존재가 당신을 바라보던 눈빛, 함께 살을 맞대고 서로의 체온을 느끼던 순간을 떠올려보라. 이제 당신에게 두 번 다시 오지 않을 순간들이다.

그가 방금 죽었기 때문이다. 한때 당신의 전부였던 그는 딱딱한 주검이 되어 누워 있다. 당신은 아직 온기가 남은 그의 손을 잡거나 볼을 맞대거나 몸을 어루만질 수 있다. 마지막으로 그를 만져볼 수 있다면 당신은 그에게 어떤 스킨십을 하겠는가? 당신은 그가 살아 있을 때 지금과 같은 스킨십을 충분히 했는가?

그리운 이와 평생 대화하기 vs 하루만 보고 만지기

당신은 사랑하는 사람을 떠나보내고 무기력한 나날을 보내고 있다. 그러던 어느 날, 당신에게 죽은 이를 소환할 수 있는 마법의 능력이 주어진다.

"융바르디움 단오우사!" 이 주문을 외우면 당신은 평생 죽은 그와 대화를 주고받으며 살 수 있다. 생전에 녹취해 둔 고인의 음성이 많을수록 패턴 분석이 정교해져 다양한 소재로 대화할 수 있다.

"단스펙토 융트로늄!" 이 주문은 음성뿐만 아니라 모습까지 완벽히 소환한다. 고인의 사진과 영상으로 실제 모습과 똑같은 아바타를 만들어 몸을 만질수도 있고 대화할 수도 있다. 하지만 단 하루뿐이다.

당신은 평생 대화하기와 하루만 보고 만지기, 둘 중 한 번의 기회가 주어진다면 어떤 주문을 외우고 싶은가?

누가 당신을
기다리고 있을까?

당신이 이 세상에 태어나 첫 번째로 애정을 주었던 대상은 누구인가? 당신이 죽은 후 다른 세계로 가면 그 세계로 들어가는 문 앞에서 당신을 손꼽아 기다리고 있을 생명체, 그것은 바로 당신에게 아낌없는 사랑을 받았던 존재일 것이다. 누가 그곳에 마중 나와 있을 것 같은가?

사랑하는 이가 떠난 후
당신의 삶은?

영원히 피어 있는 꽃은 없다. 지는 꽃과 떨어지는 낙엽이 슬픈 이유는 당신이 슬프게 바라보기 때문이다. 당신 곁을 먼저 떠난 사람의 죽음이 슬프게 느껴지는 이유도 그렇다.

사랑하는 사람을 떠나보낸 이후의 삶을 상상해보라. 당신은 깊은 슬픔에 빠져들다 문득 깨달을 것이다. 그가 죽은 후에 당신이 할 수 있는 유일한 일은 그와의 추억을 가슴에 품고 살아가는 일뿐이라는 것을. 함께했던 시간에 기쁨이 가득했다면 그 힘으로 살아갈 수 있을 것이다. 하지만 회한의 순간이 더 많았다면 그를 떠올릴 때마다 슬픔으로 가득 차오를 것이다. 그가 떠난 후 당신은 어떤 삶을 살아갈 것 같은가?

어머니의 임종 vs
중대한 프레젠테이션

고향을 떠나 낯선 나라에 방금 도착한 당신. 지난 2년간 준비해온 프로젝트의 성사를 눈앞에 두고 있다. 내일 저녁, 준비한 대로 프레젠테이션을 잘 마친다면 당신의 경력에는 물론, 회사에도 큰 이득을 가져다줄 중대한 프로젝트다.

　마음을 추스르고 자려고 누웠는데 그때 울리는 전화벨 소리. 갑작스러운 교통사고로 어머니의 목숨이 위중하다는 소식이다. 현재 의식이 없는 상태로 최악의 경우 곧 돌아가실지도 모른다고 말하는 목소리의 떨림이 당신에게 전해져 온다. 당신은 돌아가실지도 모르는 어머니의 임종을 지키기 위해 가장 빠른 비행 편으로 돌아가겠는가, 아니면 내일 저녁 프레젠테이션을 마친 후 돌아가겠는가?

당신이 동경하는 이는
죽을 때 무엇을 후회할까?

당신이 매일 들여다보는 소셜 미디어 목록 중, 나도 한 번 저 사람처럼 살아보고 싶다는 생각이 드는 사람이 있는가? 그가 사는 동네, 그가 사는 집을 상상해보라.

지금 당신은 그의 집 앞에 서 있다. 조심스레 문을 열고 들어가면 침대 위에 누운 그의 모습이 보일 것이다. 이제 곧 그는 죽음을 맞이한다. 당신이 동경하던 삶을 살기 위해 그가 포기한 것은 무엇일까? 당신이 그에게 지금 이 순간 가장 후회되는 것이 무엇이냐고 묻는다면 그는 어떻게 대답할 것 같은가?

소송과 합의 중
무엇을 택하겠는가?

"위험부담이 전혀 없는 가벼운 수술입니다." 의사의 말에 보호자인 당신은 안심하고 아버지의 수술에 동의했다. 병원에서는 수술이 잘되었다고 했지만 수술 이튿날부터 아버지의 배는 불러왔고 소변이 나오지 않았다. 아버지는 종합병원 응급실로 급히 옮겨졌다. 이후 상황은 급격히 나빠졌고 3일 만에 당신은 아버지를 잃었다.

매년 수만 명의 사람들이 이런 의료사고로 가족을 허망하게 잃는다. 의료사고 사망자 수는 공식적으로 집계가 불가능해 조정 상담 건수로만 그 억울함을 가늠하고 있다. 억울함에 병원을 상대로 소송해도 필패할 것으로 예상된다.

그럼에도 당신은 아버지의 억울한 죽음을 알리기 위해 소송을 준비하겠는가? 천문학적인 비용이 소송에 들어갈 것이고 남은 가족의 삶은 엉망이 될 수도 있다. 반면 병원 측과 합의한다면 적당한 위로금을 받고 다시 편안한 일상으로 돌아갈 수 있다. 당신은 어떤 선택을 하겠는가?

어머니의 사망보험금을
정확히 계산하겠는가?

평소 거동이 불편했던 당신의 어머니는 빙판길에 미끄러져 고관절 경부골절을 입었다. 응급으로 인공관절 치환술을 했지만 수술 후 몇 달을 침대에만 누워 있다가 결국 합병증으로 세상을 떠났다. 병원에서 작성한 사망진단서에 직접 사인은 노환, 사망의 종류는 병사로 기재되었다.

　당신은 이 사망진단서에 동의하겠는가? 어머니가 가입한 생명보험회사에서는 재해 사망일 경우 일반 사망보다 두 배 높은 보험금을 지급한다. 당신은 어머니의 직접 사인을 노환이 아닌 패혈증 쇼크로 재발급해 보험사에 사망보험금을 다시 산정해달라고 하겠는가? 어머니의 죽음 앞에서 현실적인 손익 계산을 하고 있을 당신의 모습을 자책하지 않을 수 있는가?

죽은 연인의 휴대폰과
노트북을 열어 보겠는가?

당신의 연인이 숨진 사고 현장에 막 도착했다. 먼저 도착해 있던 경찰이 당신에게 유품을 건네준다. 그 안에는 전원이 꺼진 휴대폰과 노트북이 있다. 만약 잠금장치를 풀 수 있다면, 당신은 죽은 연인의 휴대폰과 노트북을 충전해서 열어 보겠는가?

당신은 자살하지 않을 조건을 갖추고 있는가?

사람들은 사회적으로 고립되었다고 느낄 때, 누군가에게 짐이 된다고 생각할 때, 죽음에 대한 두려움이 더 이상 느껴지지 않을 때 자살한다.

당신은 살면서 이런 소속감의 부재, 존재의 부담감, 고통에 대한 내성 상태에 빠져본 적이 있는가? 비슷한 상황에 놓인다면 당신의 상태에 대해 모든 것을 털어놓을 수 있는 사람이 곁에 있는가? 반대로 당신에게 이런 상황임을 털어놓을 수 있는 사람은 몇이나 있는가?

꼭 한 번 만나고 싶은
죽은 자는 누구인가?

이미 세상을 떠난 사람 중 꼭 한 번 만나보고 싶은
사람이 있는가? 여기 당신 앞에 술잔이 하나 있다.
이 잔을 들어 술을 비우면, 당신은 오늘밤 꿈속에서
그를 만나 대화를 나눌 수 있다. 당신은 누구를 만나
어떤 이야기를 하고 싶은가?

함께한 추억이 사라져도
관계는 변함없을까?

당신은 사랑하는 사람과 30년을 함께 살았다. 그러던 어느 날 당신의 연인은 알츠하이머병에 걸렸다. 증세가 점점 심각해지자 그는 당신에게 짐이 되고 싶지 않다며 자진해서 요양병원에 들어갔다. 이제 당신이 할 수 있는 일은 일주일에 한 번 면회를 가는 것뿐이다.

처음에 병원 생활을 힘들어하던 그는 점차 익숙해졌고 그곳에서 새로운 연인도 사귀게 된다. 그가 당신과 함께한 추억은 물론 당신의 얼굴조차 기억하지 못한다고 해도 당신은 계속해서 그를 만나러 가겠는가?

죽음을 앞둔 가족에게
가장 필요한 것은?

간병 3개월 차 당신에게는 말기암 판정을 받은 가족이 있다. 몸은 고되지만 사랑하는 이를 위해 최선을 다할 수 있는 지금이 소중하다. 당신은 평일에는 밤낮으로 일하고, 주말엔 효험이 뛰어나다는 약초를 구하러 전국 팔도를 돌아다닌다. 좀 더 많은 돈과 약을 써서 그의 생존 기간을 하루라도 늘리고 싶기 때문이다. 정작 아픈 가족은 당신의 얼굴을 볼 시간이 없다고 불평한다.

이러한 당신의 노력은 그를 위한 것일까, 그에게 최선을 다하지 못한다면 평생 따라다닐 당신의 죄책감을 덜기 위한 것일까? 당신은 그가 죽은 후 더 많은 시간을 함께하지 못한 것과 더 많은 치료를 받게 해주지 못한 것, 둘 중 무엇을 더 후회할까?

세상을 떠난 친구와의
마지막 대화는 무엇인가?

그와 당신은 인생의 한 시절을 동고동락했던 절친이
다. 세월이 흘러 자연스럽게 연락이 뜸해졌고 지난
몇 년간 서로 바빠 만나지 못했다. 가끔 안부 메시지
를 주고받던 것이 전부였는데, 오늘 다른 친구에게
서 그 친구가 세상을 떠났다는 연락을 받았다. 당신
은 그와 마지막으로 주고받았던 대화창을 열어 본
다. 그가 보낸 이모티콘이 당신에게 건네는 마지막
인사가 되어 있었다. 대화창을 거꾸로 스크롤해 시
간을 되돌릴 수 있다면 당신은 그와 어떤 대화를 주
고받겠는가?

지금 당신의 대화 목록 중 가장 아랫단에는 누
구와의 대화가 있는가? 만약 그가 오늘 세상을 떠났
다는 비보를 듣는다면, 당신은 그와 마지막으로 나
눈 그 말에 후회가 없는가?

사람들은 오랜 시간이 지나서야 비로소

삶의 중요했던 순간을 깨닫는다.

그러나 그땐 이미 너무 늦었다.

아가사 크리스티(Agatha Christie, 영국의 소설가)

여기서는 나와는 조금은 먼 사람들,
즉 제3자의 죽음을 가정한 질문을 담았다.
제도와 관습, 사회 속 다양한 제3자의 죽음을 통해
자신의 생각과 가치관을 깨달을 수 있을 것이다.
이러한 질문은 현재의 삶을
당신이 원하는 방향으로 이끌어줄 것이다.

9장

어쩌면 나와 연결된 이들의 죽음

keyword

#조력 자살 #자살커뮤니티 #악플 자살 #간병 로봇

#연명치료 #의사의 딜레마 #동물실험 #간병의 딜레마

#죽음의 첫인상 #상속 분쟁 #식탁 윤리

#죽음의 우선순위 #임상시험 #죽을 권리

#치료받을 권리 #시신 보관비 #고독사

아직 삶을 모르는데
하물며 죽음을 알 수 있을 것인가.

○ 공자(孔子, 중국 춘추 시대의 사상가)

죽음을 막을 수 있는 약은 없다.

○ 독일 속담

인간이 품고 있는 죽음의 공포는
모두 자연에 대한 인식의 결여에서 유래한다.

○ 루크레티우스(Titus Lucretius Carus, 로마의 시인)

죽음은 우리의 모든 비밀, 음모, 간계로부터
그 베일을 벗겨버린다.

○ 표도르 도스토옙스키(Fyodor Mikhailovich Dostoevskii, 러시아의 소설가)

환자와 간병인,
누구의 건강이 더 중요할까?

2050년 어느 병실 안. 침대 위에는 10년째 식물인간인 60대 여성이 누워 있고, 그 옆에는 10년째 그녀를 돌보다 몸과 마음이 모두 지친 30대 딸이 있다. 당신은 그들을 돌보는 간병 로봇 TRS다. 원래는 어머니를 간병하기 위해 고용되었지만, 현재는 어머니를 간병하는 딸의 상태가 더 심각하다고 느끼고 있다. 딸의 우울증이 날로 악화되어 곧 자살할 확률이 95퍼센트에 이르렀다면, 당신은 그녀를 살리기 위해 어머니의 생명 유지 장치를 끌 수 있는가?

당신이 경험한
죽음의 첫인상은 무엇인가?

당신은 언제 처음 사람이 죽는다는 사실을 알게 되었는가? 그때 어른들은 당신에게 죽음에 대해 어떻게 설명해주었는가?

아이에게 죽음을
어떻게 설명하겠는가?

곧 죽음을 앞둔 할머니의 병문안을 다녀오는 길. 당신의 손을 꼭 붙잡은 아이가 반짝이는 눈으로 묻는다. "사람은 왜 죽어요? 나는 죽기 싫어요."

당신은 아이에게 죽음을 어떻게 설명하겠는가? 잠깐 이별할 뿐 하늘나라에서 다시 만날 수 있으니 슬퍼하지 말라고 하겠는가, 사람은 모두 죽기 때문에 한 번뿐인 삶을 소중히 여기며 살아야 한다고 이야기하겠는가? 혹은 이 세상에서 사라져도 사랑하는 사람들끼리는 서로의 마음속에서 영원히 살아갈 수 있다고 말하겠는가, 나중에 크면 말해주겠다고 설명을 유보하겠는가? 죽음에 대한 종교적, 이성적, 감성적, 회피적 접근 중 당신은 어떤 방식으로 죽음을 알려주겠는가?

당신은 죽음의 조력자를
처벌하겠는가?

여기는 엄숙한 재판정. 당신 앞에는 아내의 인공호흡기를 떼서 살인죄로 기소된 한 남자가 서 있다. 그는 평소 아내가 가족들에게 연명치료 거부 의사를 지속적으로 밝혀왔다고 말했다. 그러나 검찰은 아내의 연명치료 기간이 한 달에 불과했고, 합법적인 절차를 따르지 않았다는 이유를 들어 그에게 징역을 구형했다. 당신이 재판관이라면 그에게 살인죄에 해당하는 판결을 내리겠는가?

당신의 생명은 어떤 이들과 연결되어 있는가?

당신이 등산 중 사고를 당한다면 24시간 대기 중이던 산악구조대가 달려올 것이고, 당신이 외출한 사이 집에 불이 난다면 신고가 접수되는 즉시 소방서에서 출동할 것이고, 당신이 갑자기 쇼크로 쓰러진다면 119 구급대원이 한달음에 달려올 것이다. 당신을 싣고 달리는 구급차는 길을 비켜주는 차들의 배려를 받으며 병원에 무사히 도착할 것이다.

우리는 서로의 이름조차 모르는 명백한 타인이지만 서로의 목숨에 책임감을 지니고 살아가고 있다. 당신의 생명은 당신의 것이지만 타인의 도움 없이 오롯이 지키기는 어렵다. 오늘 당신의 평범했던 하루가 수많은 타인과 연결되어 더 단단하게 지켜진 것을 느껴본 적이 있는가?

타인의 생명을
구한 적 있는가?

당신은 살면서 당신과 전혀 상관없는 타인의 생명을 구하는 데 도움이 된 적이 있는가? 그때 당신이 그를 기꺼이 도왔던 이유는 무엇이라고 생각하는가?

저작권료의 수령인을
누구로 할 것인가?

지금 이 시각에도 그의 노래는 끊임없이 불리고 있다. 그는 가수이기 전에 한 시대의 아이콘이자 아티스트다. 작사·작곡한 곡의 수만 해도 어마어마하다. 그가 죽은 후에도 향후 70년간 그의 이름으로 수십억 원의 저작권료가 정산될 것이다. 그의 노래는 많은 사람에게 힘이 되고 위로가 되어주었지만, 정작 그의 가족에게는 상처를 주었다.

　가족은 그가 죽지도 않았는데 사후 저작권 상속을 두고 난투극을 벌이고 있다. 가족의 불행을 더 이상 보고 싶지 않은 그는 고민 끝에 결단을 내렸다. 가족이 아닌 다른 곳에 저작권료를 의미 있게 쓰기로 한 것이다. 당신이 그의 유산 상속 전문 변호사라면 당신은 그에게 어떤 기준으로 저작권료의 수령인을 결정하라고 조언하겠는가?

가슴 뛰는 짧은 시간 vs 편안한 오랜 시간

두 사람이 있다. 한 사람은 당신을 향한 열정과 신의가 넘친다. 당신은 깊고 넓은 사랑을 그와 나눌 것이고, 대체할 수 없는 반짝이는 순간을 삶에 촘촘히 새길 것이다. 서로의 삶에 끊임없이 새로운 영감을 불어넣어 삶이 지루할 틈이 없다. 하지만 그는 당신보다 20년 일찍 세상을 떠날 것이다.

또 다른 사람은 당신에게 천생연분은 아니지만 그렇다고 상극인 사람도 아니다. 그는 당신이 아니더라도 누구와도 잘 어울릴 수 있는 무난한 사람이며, 그와 함께한다면 평생 큰 고통 없이 무탈한 삶을 살 것이다. 그와 당신은 50년을 함께한 뒤 비슷한 시기에 편안히 눈 감게 될 것이다.

당신은 누구와의 삶을 택하겠는가? 당신에게 중요한 것은 빛나는 순간인가, 편안한 긴 세월인가?

목숨이 먼저 vs
목숨을 기꺼이

"그 어떤 상황에서도 목숨을 가장 소중히 여겨야 한다"라는 말과 "옳다고 생각하는 일에는 목숨을 아끼지 말라"는 말 중 당신은 어떤 말을 지지하는가? 당신은 둘 중 어떤 말을 하는 어른이 되고 싶은가?

당신의 식탁은
어떤 생명체의 죽음으로 차려지는가?

우리는 매일 다른 생명체를 먹으며 살아간다. 그것이 식물이든 동물이든 다른 생명체를 먹지 않고서는 단 하루도 살아갈 수 없다. 이제까지 살면서 의도했든 의도하지 않았든 당신이 가장 많이 죽인 생명체는 무엇인가? 당신이 지금 당장 그 생명체를 위해할 수 있는 일은 무엇인가?

전혀 모르는 1000명의 죽음 vs 가족 1명의 죽음

당신에게는 미래에 일어날 사고를 미리 볼 수 있는 초능력이 있다. 당신은 조금 뒤에 세 가지 사고가 동시에 일어날 것을 알게 된다.

하나는 당신의 가족이 타고 있는 자동차의 교통사고. 사망자는 당신의 가족 한 명뿐이다. 다른 하나는 당신의 친구를 포함해 10명의 사망자가 발생하는 경비행기 추락사고. 마지막은 당신이 전혀 모르는 사람 1,000명의 목숨을 앗아갈 대지진이다. 이 중 당신은 오직 하나의 사고만 막을 수 있다면 어떤 사고를 막겠는가? 만약 당신이 이미 죽고 이 세상에 없다고 해도 그 결정에는 변함이 없는가?

의료서비스를 보장받는 대신
임상시험에 참여하겠는가?

두 섬나라가 있다. A섬에서는 요람에서 무덤까지 필요한 모든 의료서비스를 무상으로 제공한다. 간단한 진료부터 입원, 장례에 첨단 기기와 의술이 동원되며 평소에도 복잡한 절차 없이 누구든지 약을 처방받을 수 있다. 하지만 1년 내내 미세먼지로 뒤덮인 하늘을 봐야 하고 깨끗한 물은 하루에 정해진 양만 사용할 수 있다.

반면 B섬의 공기는 맑고 깨끗한 물도 무제한으로 사용할 수 있다. 하지만 의약품이나 의료서비스를 제때 받을 수 없어 A섬보다 평균 수명이 20년 정도 짧다. 어느 날 A섬의 관리자가 당신을 찾아와 필요한 의료서비스를 무료로 제공할 테니 신약 개발의 임상시험자로 참여해달라고 한다면, 당신은 이 제안을 흔쾌히 받아들이겠는가?

죽음의 공모자를
어떻게 처벌하겠는가?

한 남자가 있다. 그는 인터넷 커뮤니티에서 자살하려는 다섯 명을 모아 그들이 원하는 방법대로 살해했다. 그의 변호사는 그가 저지른 죄목은 살인이 맞지만, 희생된 대상은 죽길 원한 사람들이었으니 이점을 고려해 감형을 요구하고 있다. 당신이 판사라면 사형을 선고하겠는가, 감형하겠는가? 감형한다면 몇 년 형을 선고하겠는가?

극악무도한 인간에게도
치료받을 권리는 있는가?

당신은 아프리카의 난민 캠프에서 일하는 의사다. 어느 날 심각한 부상을 당한 사람이 들것에 실려 들어온다. 알고 보니 그는 이 동네 사람들을 무자비하게 학살하는 무장단체 지도자였다. 그를 살려준다면 분명 더 많은 사람들이 그의 손에 살해당할 것이다. 하지만 당신은 부상당한 사람을 치료할 직업적 책무가 있다. 당신은 그를 치료하겠는가? 아무리 극악무도한 인간이라도 치료받을 권리가 있고, 생명의 존엄성을 보호받을 권리가 있다고 생각하는가?

먼 친척의 시신 보관비를
지불할 의향이 있는가?

유년기 이후 본 적이 없는 먼 친척 어른을 떠올려보라. 오늘 당신은 한 통의 전화를 받는다. 연락이 끊겼던 바로 그 어르신의 소식이다. 그는 홀로 살다가 두 달 전 세상을 떠났다고 한다. 당신이 생존해 있는 그의 유일한 연고자라 연락이 온 것이다. 전화가 온 곳은 무연고자의 시신을 보관하고 있는 장례 시설이다. 당신은 그를 만나러 가겠는가? 그러기 위해서는 먼저 그동안 밀린 시신 보관비 1,350만 원을 내야 한다. 당신은 시신을 인도하겠는가, 포기하겠는가?

당신이 생각하는
고독사의 정의는 무엇인가?

오늘 횡단보도를 건널 때, 식당에서 밥을 먹을 때, 지하철을 타고 집으로 돌아올 때 당신을 스쳐지나갔던 사람들의 절반은 혼자 사는 사람들이다. 머지않아 집에서 홀로 죽음을 맞는 것이 혼자 밥을 먹는 것만큼이나 일상적인 시대가 올 것이다. 사회는 이것을 고독사라고 부른다. 인간이 본래 고독한 존재라는 것은 인정하면서도 왜 우리는 고독한 죽음을 형벌처럼 여기게 되었을까?

당신은 '집과 가족이 있지만 그 가족의 결정으로 당신의 의사와 무관한 시설로 보내져 죽는 것'과 '혼자 살지만 죽기 전까지 자기 뜻대로 가족, 친구, 사회와 관계를 맺으며 활동하다 죽는 것' 둘 중 무엇이 더 고독한 죽음에 가깝다고 생각하는가? 당신은 현재 혼자 살고 있는가, 가족과 함께 살고 있는가?

임종의 순간 지금 사는 가족과 함께 있을 확률은 얼마나 될 것 같은가?

배고픈 예술가의 죽음은
누가 책임져야 하는가?

당신은 촉망받는 작가였다. 당신의 재능은 반짝였고 그 분야의 최고 명문을 나와 재능을 인정받았지만, 어느 순간 도시 빈민이 되어 아사로 생을 마감했다. 마지막 독자는 이웃집 사람이었다. 당신은 그에게 남는 김치나 밥이 있으면 문을 좀 두들겨달라는 내용의 쪽지를 마지막으로 쓰고 세상을 떠났다.

이 죽음은 누구의 책임이 가장 클까? 자기 상태를 주변에 알리지 않고 상황을 악화시킨 본인, 당신을 미처 살피지 못한 친구나 가족, 열악한 환경에서도 묵묵히 일하던 업계 동료, 이런 구조적 빈곤과 좌절에 맞서는 법을 교육하지 않은 학교, 젊어 고생은 사서도 하는 것이라고 부추기는 사회적 분위기, 젊은 예술가의 생계를 보장해주지 못하는 법과 제도. 이 중 무엇에 가장 큰 책임이 있다고 생각하는가?

당신은 익명일 때
어떤 감정을 쉽게 표현하는가?

그녀는 또래 가수보다 꾸밈이 없었다. 그런 모습은 종종 좋은 먹잇감이 되었고, 언론은 그때마다 자극적인 기사를 쏟아냈다. 사람들은 하이에나처럼 우르르 달려들어 그녀를 비난했다. 당신은 그녀의 팬이었다. 하지만 좋아하는 마음을 공개적으로 표현해본 적은 한 번도 없었다.

어느 날 그녀는 악성 댓글만큼 쓴 약을 삼키고 스스로 생을 마감했다. 사람들은 악성 댓글을 쓴 이들에게 책임을 돌렸다. 그렇다면 좋아하는 마음을 한 번도 표현한 적이 없는 이들은 그녀의 죽음에 아무 책임이 없는 것일까? 만약 그녀가 사랑받고 있음을 더 자주 느꼈더라면 다른 선택을 하지 않았을까?

익명일 때 우리는 부정적인 표현에 더 적극적인 존재가 된다. 당신은 배달 음식이 맛있을 때와 맛없을 때, 언제 리뷰를 올리는가? 쇼핑한 물건이 마음에 들 때와 안 들 때, 언제 후기를 쓰는가? 익명일 때 당신은 불만과 고마움 중 어느 것을 더 자주 표현하는 사람인가?

타인의 자살에
어디까지 개입해야 할까?

첨벙! 한강변을 산책하던 당신에게 들려온 소리. 누군가 방금 강물에 몸을 던졌다. 지나가다 그 장면을 목격한 사람들은 그를 구하기 위해 달려왔다. 누군가는 경찰에 신고했고, 누군가는 그를 구하기 위해 강물에 몸을 던졌으며, 누군가는 가까스로 건져 올려진 그에게 인공호흡을 하고 심폐소생술을 했다. 어떻게든 그를 살려야 한다는 단결된 마음이 한 생명을 구해내는 데 성공했다. 그 광경을 숨죽이고 지켜보던 당신은 그들의 희생과 용기에 박수를 보냈고, 그가 목숨을 건졌다는 사실에 안도했다.

그런데 알고 보니 투신한 그는 1년 전 교통사고로 온 가족을 잃었고, 그 후로 우울증을 앓다 어젯밤 회사에서 해고를 당했다. 목숨을 부지하게 된 그도 당신처럼 기뻐할 것 같은가?

사는 것과 죽는 것,
더 큰 용기가 필요한 것은 무엇일까?

자살은 무책임한 행동이라고 생각하는가, 주어진 삶을 책임지는 하나의 태도라고 생각하는가? 자살은 충동적인 회피 수단일까, 이성적인 숙고 끝에 나온 마지막 방편일까? 스스로 생을 마감해 용서를 구하는 것은 최선의 방식일까, 최악의 방식일까? 사는 데 더 큰 용기가 필요할까, 죽는 데 더 큰 용기가 필요할까? 당신은 자살에 대해 어떠한 시선을 지니고 있는가?

수많은 생명을 위해
무고한 소녀를 죽게 두겠는가?

자살폭탄 테러범이 한 마을로 들어간다. 그를 생포하라는 작전은 이제 사살 작전으로 변경되었다. 합동사령부는 작전지휘관인 당신의 명령만 기다리고 있다. 당신은 드론 조종사에게 테러범을 사살하라는 명령을 내릴 권한이 있는 유일한 사람이다. 그를 사살하면 테러로 희생될 수많은 사람의 생명을 구할 수 있다. 하지만 지금 당신은 망설이고 있다. 테러범이 한 소녀를 인질로 잡고 있다는 제보를 받았기 때문이다. 더 이상 시간을 지체할 수 없고 테러범만 사살하는 것은 불가능하다. 당신은 무고한 소녀의 목숨을 희생시키더라도 더 많은 사람의 목숨을 살리기 위해 사격 지시를 내리겠는가?

인간의 수명 연장을 위해
동물 실험은 불가피한가?

지금 이 순간에도 수많은 동물이 인간에게 희생되고 있다. 당신이 매일 사용하는 화장품, 가정용 세제, 살충제에 들어가는 화학물질의 안정성도 동물의 희생 없이는 만들어질 수 없다.

최초로 우주선을 만든 나라에서는 인간보다 먼저 훈련된 개를 지구 밖으로 쏘아 올렸다. 한 해 평균 각종 실험에 동원되는 동물만 5억 마리 이상. 어류, 조류, 양서류, 햄스터처럼 작은 동물부터 개, 돼지, 원숭이까지 다양한 동물이 희생되고 있다.

이들의 희생은 당신이나 가족이 걸릴 수 있는 질병의 치료제를 만드는 데에도 쓰일 것이다. 인간의 질병을 고치는 데 기여한다면 동물의 희생은 불가피하다고 생각하는가? 동물 실험을 하는 것과 인간의 수명은 얼마나 관계가 있다고 생각하는가?

정치인, 과학자, 종교인 중
누구를 살리겠는가?

여기는 북대서양의 차가운 바다 위. 방금 당신이 조종하던 헬기가 이곳에 불시착했다. 이대로라면 당신을 포함한 네 사람은 곧 사망할 것이다. 다행히 당신에게는 구명보트가 있다. 하지만 당신을 포함해 두 사람만 이 보트에 탈 수 있다. 특정 분쟁 지역의 테러를 막을 수 있는 정치인, 전 세계 인구의 절반을 감염시킨 병의 백신을 개발할 수 있는 과학자, 많은 사람에게 귀감이 되고 위안을 주는 종교 지도자. 당신은 이들 중 누구를 보트에 태우겠는가?

생명을 돈벌이 수단으로
사용하는 것은 윤리적인가?

전 세계인의 목숨을 앗아간 바이러스의 백신을 만들기 위해 치열한 경쟁이 시작되었다. 어느 나라든 먼저 백신을 개발한다면 큰 이윤을 남기고, 동시에 많은 생명을 구할 수 있다.

쟁점은 마지막 임상시험에서 인체 안정성을 확보하는 것. 한 나라에서 신체 건강한 젊은이들을 임상시험 지원자로 모집하기 시작했다. 강력한 바이러스인 만큼 치명적인 부작용을 동반하기에 1,000만원의 사례비를 준다. 당신은 이러한 보상이 대의에 동참하면서 돈도 벌 수 있는 좋은 기회라고 보는가? 아니면 빈곤한 젊은이들에게 신체를 돈벌이 수단으로 내놓을 빌미를 제공한다고 보는가? 이런 조건 없이도 인류를 위해 자원하는 이들이 있다면 금전적 보상을 해주는 것이 옳다고 보는가?

불행을 피하기 위한
당신의 금기는 무엇인가?

한국에서 밥그릇에 숟가락을 꽂아두는 것을 꺼리는 것처럼 프랑스에서는 빵이 뒤집혀 있는 것을 불길하게 여긴다. 중세시대 사형수에게 빵을 뒤집어서 주었기 때문이다.

영미권 나라에서는 누군가가 재채기를 하면 곁에 있는 사람이 "Bless you"라고 외친다. 재채기할 때 영혼이 육체로부터 달아난다고 생각하기 때문인데, 이것은 신이 인간을 만들 때 코로 숨을 불어넣었다는 믿음에서 비롯된 행동이다.

베트남에서는 아이를 목말 태우는 모습을 볼 수 없다. 어깨에 자기 수호신이 있다고 믿기 때문이다. 모르는 사람의 어깨를 툭툭 치거나 어깨동무하는 것도 굉장한 실례다.

비슷한 이유로 태국에서는 아이의 머리를 함부

로 쓰다듬지 말아야 한다. 아이의 머리에 영혼이 있다고 믿기 때문이다. 당신도 죽음이나 불행을 피하고자 터부시하는 행동이 있는가? 당신이 그런 믿음에 의지하는 이유는 무엇인가?

죽음은 때로는 벌이요, 때로는 선물이며,
수많은 사람에게 은혜였다.

세네카(Lucius Annaeus Seneca, 로마의 철학자)

죽음을 떠올리는 것은 삶을 명료하게 해준다.
죽음에 관한 질문은 오늘의 나를 돌보는 질문인 것이다.
이 장에서는 내가 가장 몰두하는 것, 즐거워하는 것,
두려워하는 것, 괴로워하는 것이 무엇인지 묻는다.
내 삶의 현재 좌표를 파악해
앞으로 가야 할 길을 명확히 할 수 있다.

10장

후회 없이 살고 있습니까?

keyword

#타임머신 #지구 종말 #천국의 취향

#생애주기의 과업 #내 삶의 목격자 #삶의 기쁨

#삶의 괴로움 #목숨 사용법 #추구하는 가치

#최후의 순간 #단 하나의 장면 #내가 사는 이유

반 너머 보내고 나서야
겨우 알게 되는 것이 인생이다.
○ 조지 허버트(George Herbert, 영국의 시인)

그렇게 긴 시간 동안에 우리는 단 한 번 죽는다.
○ 몰리에르(Jean Baptiste Poquelin Moliere, 프랑스의 극작가)

살아 있는 동안 행복하라.
당신은 오랜 시간을 죽은 채 누워 있어야 하기 때문이다.
○ 스코틀랜드 속담

죽음을 생각하는 것만으로는 충분하지 않다.
항상 마음속에 간직해야 한다.
그렇게 되면 인생은 더욱 장엄해지고,
중요해지고, 비옥해지고, 더 즐거워진다.
○ 슈테판 츠바이크(Stefan Zweig, 오스트리아의 시인)

살아 있는 실패작은 죽은 걸작보다 낫다.
○ 조지 버나드 쇼(George Bernard Shaw, 영국의 극작가)

시대 이동을 할 수 있다면
언제 어디로 가고 싶은가?

당신이 구석기 시대에 태어났다면 충치나 비만으로 죽는 일은 없겠지만 굶주린 배를 채우기 위해 매일 산으로 들로 사냥을 다니느라 고된 삶을 살았을 것이다. 농경 시대에 태어났다면 돈이나 쇼핑으로 인해 스트레스를 받는 일은 적었겠지만 그날의 날씨에 일희일비하며 하늘에 의지하는 삶을 살았을 것이다.

그리스 로마시대에 태어났다면 후대에 길이 남을 철학자와 과학자 친구들을 사귈 수 있었겠지만 노예로 팔려가거나 마녀사냥을 당해 죽었을 확률이 높다. 14세기 후반 유럽에서 태어났다면 르네상스기의 찬란한 문물을 누렸겠지만 흑사병에 걸려 생을 마감했을 것이다. 조선시대의 왕으로 태어났다면 최고의 권력을 맛보았겠지만 평균수명은 고작 46세에 불과했을 것이다.

우리는 태어나고 싶은 시대를 선택할 수 없지만 상상해볼 수는 있다. 만약 다른 시대의 삶을 선택할 수 있다면 어느 시대로 가서 무엇을 해보고 싶은가? 당신은 이 시대에 태어난 것에 얼마나 만족하며 살고 있는가?

잘 산다는 것의 기준은
무엇일까?

제때 공부를 하고, 취직을 하고, 결혼을 하고, 아이를 낳고, 은퇴를 하는 것. 사람들은 생애주기마다 부여된 역할을 제때 잘 수행해낼 때 서로에게 "잘 살고 있다"라고 주문을 걸듯이 말한다.

당신은 이런 생애주기의 과업을 수행하는 것과 삶의 질이 실제로 얼마나 관련이 있다고 생각하는가? 당신은 시기마다 부여되는 과업을 적절히 수행하는 삶을 살아왔는가? 죽기 전 삶을 돌아본다면 어느 시기에 대한 아쉬움이 가장 클 것 같은가? 그 아쉬움은 과업에 너무 얽매였던 삶에 대한 후회일 것 같은가, 반대로 과업에 너무 소홀했던 삶에 대한 후회일 것 같은가?

이번 생에서 느끼는
세 가지 즐거움은 무엇인가?

모든 사람은 천국과 지옥을 번갈아 한 번씩 태어나게 되어 있다. 당신은 이번 생에 천국에 살게 되었다. 지난 지옥의 삶에서 누릴 수 없었던 기쁨과 즐거움 세 가지를 이번 생에 추가해달라고 미리 주문해놓았고, 지금 이 세상에 태어나 그것을 누리고 있다. 현재 당신의 삶에 추가된 세 가지 즐거움은 무엇이라고 생각하는가?

이번 생에서 느끼는
세 가지 괴로움은 무엇인가?

모든 사람은 지옥과 천국을 번갈아 한 번씩 태어나게 되어 있다. 당신은 이번 생에 지옥에 살게 되었다. 지난 천국의 삶에서 피할 수 있었던 슬픔과 고통 세 가지를 이번 생에서는 반드시 겪어야 하고, 지금 이 세상에 태어나 그것을 느끼고 있다. 현재 당신의 삶에 추가된 그 세 가지는 무엇이라고 생각하는가?

뜨겁게 살아 있다고
느끼는 순간은 언제인가?

110층의 쌍둥이 빌딩 사이를 줄타기하는 곡예사, 로프 없이 고도 1,000미터의 수직 절벽을 맨손으로 오르는 등반가, 상공 1만 미터에서 윙슈트만 입고 뛰어내리는 스카이 다이버. 보기만 해도 아찔한 행동을 업으로 삼은 이들에게 한순간에 목숨을 잃을 수 있는 이런 위험천만한 일을 왜 하느냐고 물었다.

그들은 대답했다. 그 순간 내가 살아 있다는 생명의 짜릿함을 느낄 수 있기 때문이라고. 아이러니하게도 죽음과 맞닿은 순간에 우리는 가장 뜨겁게 살아 있음을 느낀다. 당신도 이런 비슷한 경험을 해본 적이 있는가? 당신이 가장 뜨겁게 살아 있다고 느끼는 순간은 언제인가?

당신의 삶에는 목숨을 걸 만한 무언가가 있는가?

당신은 태어나서 무언가에 목숨을 걸어본 적이 있는가? 같은 상황, 같은 사안에 대해 누군가는 목숨 걸고 한번 해볼 만한 일이라고 말하고, 누군가는 목숨까지 걸 일은 아니라고 말한다.

세상에 그 어떤 것도 목숨보다 중요한 것은 없다고 생각하는가? 세상의 모든 변화는 목숨을 걸었던 이들이 가져다준 결과라고 생각하는가? 목숨을 걸 만한 무엇이 있는 삶과 그 무엇에도 목숨을 걸지 않는 삶, 둘 중 당신은 어떤 삶을 살고 싶은가?

당신은 편안하게 눈감을 준비가 되어 있는가?

죽음을 앞두고 '좀 더 큰 집에서 살아볼걸', '성공하기 위해 일을 더 많이 할걸'이라고 후회하는 사람은 드물다. 후회 없는 죽음을 맞는 이들의 공통점은 누군가를 마음껏 사랑하고, 사랑받았던 기억이 많은 사람들이다. 그렇다. 결국 또 사랑이다.

돈이나 명예는 결국 수단에 불과하다는 것을 죽음 앞에서 뼈저리게 깨닫는다. 당신이 지금 열심히 일하면서 버는 돈, 명예나 성공은 무엇을 향해 있는가? 당신은 지금 누군가를 마음껏 사랑하고 또 사랑받고 있는가? 당신이 마음껏 사랑할 수 있는 존재, 또 당신에게 아낌없이 사랑을 주는 존재를 떠올려보라. 임종의 순간, 그들과 이 생에서 함께였던 기억만으로 당신은 편안하게 눈감을 수 있겠는가? 만약 그럴 수 없다면 그 이유는 무엇인가?

중요시하는 가치를 위해
얼마만큼의 비용을 지불할 수 있는가?

당신이 죽기 전까지 변함없을 것이라고 확신하는 게 있다면 무엇인가? 현재 당신의 삶은 어떤 가치로 유지되고 있는가?

죽음조차 당신에게서 이것을 앗아가지 못했다고 말할 수 있다면 그것은 긍정적인 마음, 깊은 우정과 사랑, 독실한 믿음, 지성과 아름다움 같은 것 중무엇이길 바라는가? 당신은 생의 마지막 순간까지이런 가치를 유지하기 위해 1년 수입의 몇 퍼센트를지불할 의향이 있는가? 또한 그 가치를 지키기 위해평소 얼마만큼의 시간을 할애하고 있는가?

목숨을 바쳐서라도
지키고 싶은 신념이 있는가?

당신의 삶에서 절대 변함없을 것이라고 확신하는 게 있는가? 그것은 지금 곁에 있는 사람들, 매일 출퇴근하는 직장, 당신의 밥벌이 혹은 종교적 신념인가?

만약 누군가 당신의 목에 칼을 들이댄다면 목숨을 위해 그것을 배신할 것인가, 목숨을 포기하고 그것을 끝까지 지킬 것인가? 육체적 고통에 굴하지 않는 신념을 가지고 살아가는 사람과 아닌 사람의 가장 큰 차이는 무엇이라고 생각하는가?

사후세계에 도착해
어느 쪽 길로 걸어가겠는가?

당신은 곧 사후세계에 도착한다. 먼저 떠났던 소중한 사람들을 다리 하나만 건너면 모두 만날 수 있다. 하지만 당신은 방금 한 가지 사실을 전해 듣고 망설이는 중이다. 당신 곁을 먼저 떠났던 가족과 친구들이 당신이 생전에 했던 모든 행동을 빠짐없이 지켜보고 있었다는 것. 당신이 아무에게도 말하지 않은 비밀이나 비겁한 행동조차 그들은 낱낱이 알고 있다. 그럼에도 당신은 기꺼이 그들을 만나러 갈 용기가 있는가? 아니면 가족과 지인을 영원히 만날 수 없는 반대편으로 걸어가겠는가?

끝까지 간직하고 싶은
단 하나의 장면은 무엇인가?

마침내 당신은 침대에 누워 있는 것 말고는 아무것도 할 수 없게 되었다. 당신이 할 수 있는 유일한 일은 지금껏 살아온 장면을 떠올리는 것뿐이다. 곧 들을 수도 말할 수도 없게 될 것이다.

마지막으로 눈을 감는 순간, 당신의 삶에서 단 한 순간만 가지고 다음 생으로 갈 수 있다면 당신은 어떤 순간을 가지고 떠나고 싶은가? 그 순간에 있었던 사람, 공기, 감정 모두 그대로 다음 생으로 가져갈 수 있다면, 당신의 삶에서 가져가고 싶은 단 하나의 기억은 무엇인가?

지구 종말의 순간,
당신은 어디에서 무엇을 하겠는가?

당신이 태어나고 살아가고 죽음을 맞이하는 지구. 이 지구라는 별은 우주에서 곧 사라지게 될 것이다. 소행성 충돌까지 남은 시간은 3주. 당신은 그때까지 이전과 비슷한 삶을 살아가겠는가, 이전과는 전혀 다른 모습으로 남은 시간을 보내겠는가? 정확히 지구가 소행성과 충돌할 그 시각을 알 수 있다면, 당신은 그때 누구와 어디에서 최후의 순간을 맞이하고 싶은가?

영혼에도
정체성이 있을까?

당신은 육체가 사라진 후에도 영혼이 지속된다고 믿는가? 그렇다면 그 영혼은 자기 자신을 자각하는 정체성이 있는 영혼일까, 어떤 기운이나 에너지의 형태로만 존재하는 것일까?

당신이 생을 지속해나가는
이유는 무엇인가?

살아 있는 삶 자체가 고통이라고 생각해본 적이 있는가? 삶이 다하는 순간, 고통도 끝난다면 당신이 죽지 않고 계속 살아가는 이유는 무엇인가? 그 이유가 사라지면 당신이 자살하지 않는 이유도 사라진다.

그럼에도 누군가는 삶의 마지막 불씨를 살려 생을 이어가고, 누군가는 죽음을 택할 것이다. 이 둘의 가장 큰 차이는 무엇이라고 생각하는가?

배가 항구에 정박 중일 때는 아무런 위험이 없다.

하지만 배는 그러자고 있는 것이 아니다.

존 셰드(John Shedd, 미국의 교육학자)

참고할 만한 책과 영화

다음은 각 장의 질문에 답을 할 때
참고하면 도움이 될 책과 영화입니다.

○ 책

곤도 마리에, 『인생이 빛나는 정리의 마법』, 더난출판사, 2012

김영하, 『나는 나를 파괴할 권리가 있다』, 복복서가, 2022

김새별, 『떠난 후에 남겨진 것들』, 청림출판, 2015

김정혜진, 『깃털』, 허블, 2020

댄 모하임, 『더 나은 죽음』, 아니마, 2012

로버트 풀검, 『제 장례식에 놀러오실래요』, 김영사, 2000

롤란트 슐츠, 『죽음의 에티켓』, 스노우폭스북스, 2019

모리 슈워츠, 『모리의 마지막 수업』, 생각의 나무, 1998

박완서, 『한 말씀만 하소서』, 솔, 1994

브로니 웨어, 『내가 원하는 삶을 살았더라면』, 피플트리, 2013

아툴 가완디, 『어떻게 죽을 것인가』, 부키, 2015

아고타 크리스토프, 『존재의 세 가지 거짓말』, 까치, 2004

엘리자베스 퀴블러 로스, 『죽음과 죽어감』, 이레, 2008

우에노 치즈코, 『누구나 혼자인 시대의 죽음』, 어른의 시간, 2016

이경신, 『죽음 연습』, 동녘, 2016

사노 요코, 『죽는 게 뭐라고』, 마음산책, 2015

산도르 마라이, 『열정』, 솔, 2016

홍지, 『나와 당신의 죽음』, 부암게스트하우스, 2022

° 영화

고레에다 히로카즈, 《원더풀 라이프》, 2001

개빈 후드, 《아이 인 더 스카이》, 2015

나카무라 요시히로, 《모두, 안녕히》, 2013

데니 아르캉, 《야만적 침략》, 2003

데렉 리, 《올모스트 데어》, 2016

드니 빌뇌브, 《그을린 사랑》, 2010

라이언 존슨, 《나이브스 아웃》, 2019

레빈 피터·엘사 크램저, 《우주에서 온 개들》, 2019

로버트 저메키스, 《하늘을 걷는 남자》, 2015

루벤 외스틀룬드, 《포스 마쥬어: 화이트 베케이션》, 2015

리처드 쉔크만, 《맨 프롬 어스》, 2007

마이크 리, 《세상의 모든 계절》, 2010

마틴 맥도나, 《쓰리 빌보드》, 2017

미카엘 하네케, 《아무르》, 2012

박혜수, 《후손들에게》, 2019

보리스 쿤츠, 《패러다이스》, 2023

사라 폴리, 《어웨이 프롬 허》, 2006

수잔 비에르, 《인 어 베러 월드》, 2010

스콧 만, 《폴: 600미터》, 2022

아담 맥케이, 《돈 룩 업》, 2021

알레한드로 아메나바르, 《씨 인사이드》, 2004

알렉산더 페인, 《어바웃 슈미트》, 2002

엘리자베스 차이 베사헬리, 《프리 솔로》, 2018

우베르토 파솔리니, 《스틸 라이프》, 2013

이자벨 코이셋, 《나 없는 내 인생》, 2003

이창동, 《밀양》, 2007

이치카와 준, 《토니 타키타니》, 2005

제임스 캐머런, 《아바타》, 2009

존 웰스, 《어거스트: 가족의 초상》, 2013

캐리 후쿠나가, 《비스트 오브 노 네이션》, 2015

캐서린 비글로우, 《허트 로커》, 2008

타마라 코테브스카, 《허니랜드》, 2019

토머스 빈터베르그, 《셀레브레이션》, 1998

토머스 얀, 《노킹 온 헤븐스 도어》, 1997

프랜 크랜즈, 《매스》, 2022

플로리안 젤러, 《더 파더》, 2021

하산 파질, 《미드나잇 트래블러》, 2015

황윤, 《어느 날 그 길에서》, 2006

우리 이웃들의 묘비명

다음은 "당신의 묘비에 어떤 말을
새기고 싶은가?"라는
질문에 대한 평범한 이들의 답입니다.
우리 이웃들의 묘비명을 살펴보며
자신의 묘비에는 무엇을 적을지 생각해
보는 시간이 되길 바랍니다.

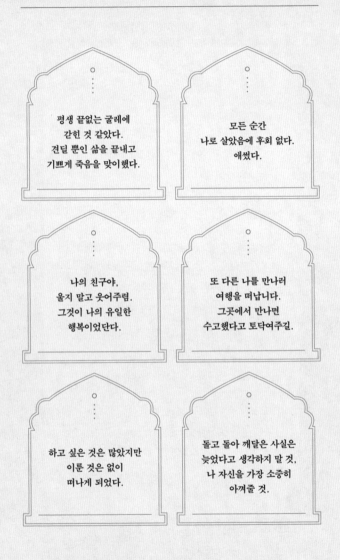

평생 끝없는 굴레에
갇힌 것 같았다.
견딜 뿐인 삶을 끝내고
기쁘게 죽음을 맞이했다.

모든 순간
나로 살았음에 후회 없다.
애썼다.

나의 친구야.
울지 말고 웃어주렴.
그것이 나의 유일한
행복이었단다.

또 다른 나를 만나러
여행을 떠납니다.
그곳에서 만나면
수고했다고 토닥여주길.

하고 싶은 것은 많았지만
이룬 것은 없이
떠나게 되었다.

돌고 돌아 깨달은 사실은
늦었다고 생각하지 말 것,
나 자신을 가장 소중히
아껴줄 것.

하고 싶은 것을
다 하고 떠납니다.
당신은
어떤 삶을 살고 있습니까?

끝날 때까지
끝난 게 아니니까
포기하지 말길.

운이 없다고
불평하지 말라.
살아보니 운은
계획에서 비롯된 것이더라.

내가 남긴 모든 것이
제 의미를 갖길.

살았다,
썼다,
사랑했다.

나는 모든 것을
갖고자 했지만
아무것도
갖지 못했다.

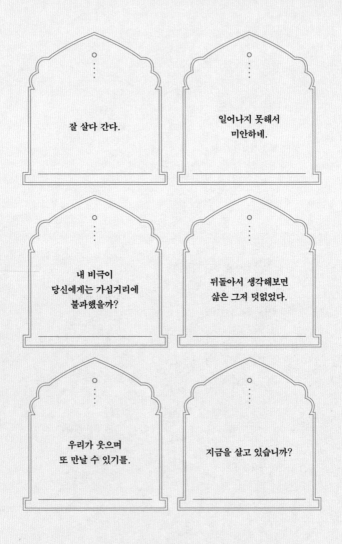

잘 살다 간다.

일어나지 못해서
미안하네.

내 비극이
당신에게는 가십거리에
불과했을까?

뒤돌아서 생각해보면
삶은 그저 덧없었다.

우리가 웃으며
또 만날 수 있기를.

지금을 살고 있습니까?

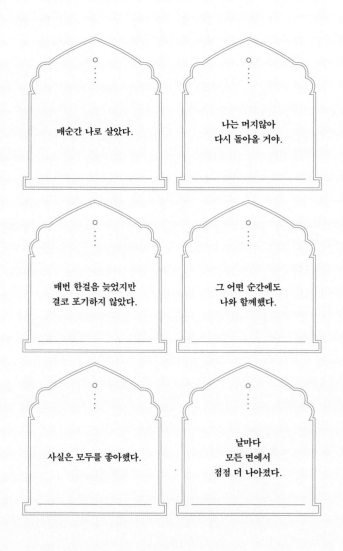

매순간 나로 살았다.

나는 머지않아
다시 돌아올 거야.

매번 한걸음 늦었지만
결코 포기하지 않았다.

그 어떤 순간에도
나와 함께했다.

사실은 모두를 좋아했다.

날마다
모든 면에서
점점 더 나아졌다.

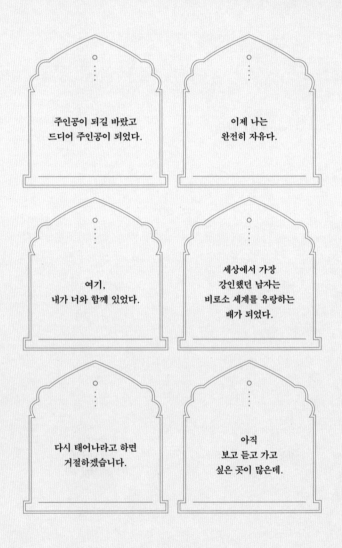

주인공이 되길 바랐고
드디어 주인공이 되었다.

이제 나는
완전히 자유다.

여기,
내가 너와 함께 있었다.

세상에서 가장
강인했던 남자는
비로소 세계를 유랑하는
배가 되었다.

다시 태어나라고 하면
거절하겠습니다.

아직
보고 듣고 가고
싶은 곳이 많은데.

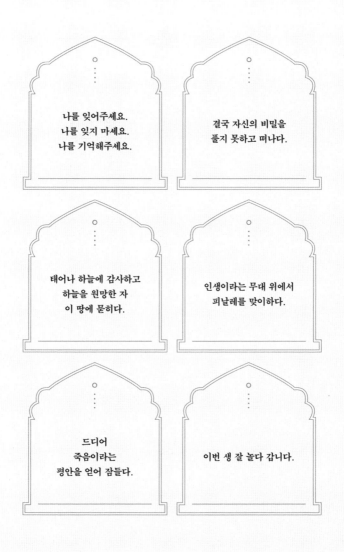

나를 잊어주세요.
나를 잊지 마세요.
나를 기억해주세요.

결국 자신의 비밀을
풀지 못하고 떠나다.

태어나 하늘에 감사하고
하늘을 원망한 자
이 땅에 묻히다.

인생이라는 무대 위에서
피날레를 맞이하다.

드디어
죽음이라는
평안을 얻어 잠들다.

이번 생 잘 놀다 갑니다.

우리 이웃들의 묘비명

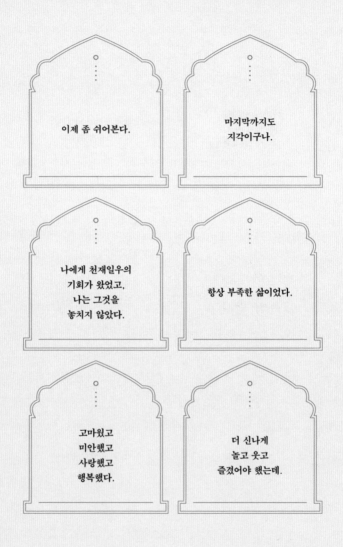

이제 좀 쉬어본다.

마지막까지도
지각이구나.

나에게 천재일우의
기회가 왔었고,
나는 그것을
놓치지 않았다.

항상 부족한 삶이었다.

고마웠고
미안했고
사랑했고
행복했다.

더 신나게
놀고 웃고
즐겼어야 했는데.

_____ 의 묘비명

나의 유언장

이 책을 다 읽은 당신은
책을 덮으며
다시 죽음과 멀어질 확률이 높습니다.
여기에 유언장을 작성해
매일 죽음을 떠올리며
오늘을 후회 없이 살 수 있도록 해봅시다.

유언장 작성 가이드

1. 유언의 방식
유언은 자필증서, 녹음, 공정 증서, 비밀 증서, 구술 증서 크게 다섯 가지 방식으로 남길 수 있다. 서면으로 할 경우에는 이름과 서명, 작성 날짜와 주소까지 꼭 자필로 기재해야 한다. 공정 증서는 유언자와 증인 두 명이 직접 공증사무실에 찾아가야 하는 번거로움이 있지만 유언 방식 중 가장 확실하게 그 효력을 인정받을 수 있다.

2. 유언의 내용
당신은 검안, 장례, 시신 처리에 대해 가족과 의논할 수 있다. 장례식에 와주었으면 하는 사람들의 명단, 원하는 영정 사진, 장례 업체 선정이나 유품과 유산 등에 대해서도 쓸 수 있다. 이 중에서 당신이 적극적으로 관여하고 싶은 부분은 무엇이고, 반대로 남겨진 이들이 알아서 처리하도록 비워두고 싶은 부분은 무엇인지 정해보라.

3. 사전 준비
원하는 곳에서 임종을 맞도록 기획해주는 임종 여행 플래너, 장례 난민이 되지 않도록 장례식이나 화장장의 자리가 날 때까지 대기 공간을 마련해주는 시신 안치 서비스 업체, 원하는 방식으로 시신 처리를 돕는 유골 처리 컨설턴트, 디지털 세계의 흔적을 지워줄 디지털 장의사와 고독사 현장을 처리해줄 특수청소업체. 이 중 어떤 명함을 받아놓고 싶은가? 유언을 남기기 전에 더 구체적으로 알고 싶은 분야가 있는지 확인해보라.

4. 작성 시기
유언장을 언제쯤 작성하고 싶은지 구체적인 시기를 한번 써보라. 매년 같은 날 유언장을 업데이트할 수도 있고, 봉인해 당신의 죽음 전까지 누구도 보거나 수정하지 못하게 할 수도 있다. 둘 중 어느 편이 지금 삶에 도움이 될지 생각해보라.

유언장

유언장

오늘의 죽음 Q&A

내일 죽어도 후회 없는 삶으로 이끄는 200가지 질문

1판 1쇄 발행 2023년 9월 20일

발행인 박명곤 **CEO** 박지성 **CFO** 김영은
기획편집 채대광, 김준원, 박일귀, 이승미, 이은빈, 강민형, 이지은
디자인 구경표, 구혜민, 임지선
마케팅 임우열, 김은지, 이호, 최고은
펴낸곳 (주)현대지성
출판등록 제406-2014-000124호
전화 070-7791-2136 **팩스** 0303-3444-2136
주소 서울시 강서구 마곡중앙6로 40, 장흥빌딩 10층
홈페이지 www.hdjisung.com **이메일** support@hdjisung.com
제작처 영신사

ⓒ 홍지혜 2023

"Curious and Creative people make Inspiring Contents"
현대지성은 여러분의 의견 하나하나를 소중히 받고 있습니다.
원고 투고, 오탈자 제보, 제휴 제안은 support@hdjisung.com으로 보내주세요.

현대지성 홈페이지